香海文化

香海文化

香海文化

香海文化

香海文化

香海文化

香海文化

香海文化

香海文化

海文化

香海文化

香海文化

香海文化

香海文化

香海文化

香海文化

香海文化

香海文化

香海文化

香海文化

香海文化

香海文化

香海文化

香海文化

香海文化

香海文化

無形的可貴

人間萬事 2 價值觀

星雲大師 著

【總序】

生命的萬花筒

星雲

「人間萬事」是我繼「迷悟之間」、「星雲法語」之後，在《人間福報》第三個三年執筆撰寫的頭版專欄。所謂「人間萬事」，顧名思義，舉凡人世間的林林總總，包括人情、人性、人心的善惡、好壞之探討，家庭、社會、世間的問題、現象之分析，宇宙、人生、生命的真理、奧妙之窮究……等。

新的一年，「人間萬事」也要結集出版了。香海文化執行長蔡孟樺小姐將這些文章收錄編輯，發現全套書如同「生命的萬花筒」，可用來解讀人生，透見生命的密碼，所以分別以：人我觀、價值觀、人生觀、生活觀、道德觀、社會觀、倫理觀、時空觀、歷史觀、生死觀、生命觀、修持觀，輯為十二冊，期能引導讀者以佛法慧心，欣賞萬花筒般的人間，處處有善美勝景。

世人常說，生命是一門艱深難懂的學問，但是儘管生命深奧難懂，分析起來不外乎「生」與「死」兩個課題。生命的價值就是「愛」，生命的意義就是「惜」。有愛，就有生命；有愛，就有生機；有愛，就有存在；有愛，就有延續。生命不是出生以後才有，也不是死亡就算結束；生命是無始無終，生命是無內無外。生命是活力，是活用，是活動；生命要用活動、活力、活用來跟大眾建立相互的關係。

現在的社會人生，就是一個萬花筒。人有賢愚不肖，有貧富貴賤，有高矮胖瘦，有男女老少，有各種臉孔；事有大事、小事、善事、惡事、家事、國事；社會上有各種社團、各種活動、各種學校、各種語言、各種商店、各種產品……，仔細觀察，真如一個萬花筒，讓人看得眼花撩亂。

由於我們智慧有限，觀察力不夠，對萬花筒裡的社會人生，常常看得意亂情迷，隨波逐流，看不到一個真實的面目，所以，希望藉由《人間萬事》這套書的出版，觀照人世間的林林總總，找到自己真實的人生。

《人間萬事》有理、有事，有知識、有趣聞，有隱喻、有明示，有現象的分析、有問題的探討，希望藉由不同面向的思考，對各種問題的產生，提供另類的看法與正確的新觀念。撰寫這些短文時，無非希望能具體而微的刻畫出人間萬象與眾生實相，就一些世間的問題，引導大眾在談笑風生之餘，進而深思人生的哲理、探討人生的問題，繼而找出突破困境的方法。

承蒙聯合報顧問張作錦先生，知名學者閻崇年教授、陳怡安教授、林水福教授、鄭石岩教授，知名作家游乾桂先生、李偉文先生、歐銀釧小姐、林良先生、謝鵬雄先生、黃春明先生，及歐宗智校長，為此套書寫序，一併在此致謝。

是為序。

二〇〇九年一月十五日於佛光山開山寮

【推薦序】

春風拂醒夢中人

謝鵬雄

價值，是古今哲學永續探索的終極課題。也是普世文學及藝術亟欲詮釋的基本概念。世上文明的成立、文化的演進、生活倫理及美學，皆以價值觀為主軸而成形、演化。在文明的社會裡，人們大體同意，人生的意義，在創造價值，不論是文化價值、經濟價值，或倫理及宗教價值。但不論要創造什麼價值，必須先認識價值，或發現價值。這認識並認定價值，贊同價值的思考，謂之價值觀。

一身兼價值的探索者、詮釋者及闡揚者的星雲大師，多年來在《人間福報》上寫「人間萬事」，其論述涉及人生、時空、歷史、社會、道德、生命及價值等，如今分類出版而其中有「價值觀」一書，其書名為《無形的可貴》，即一語道破「無形」的價值。世上凡有形、有相者皆有形相破滅之時，唯無形之理、法，可以長久。且有形則格於形，唯無形之理法易於進入、溶入、納入人心。

本書洋洋十萬字談無形的財富，談快樂之所以快樂，談無用之用，談觀自在。人要自在就須觀事、人、處(場所)、聽聲、見理、宅心都自在……。自在何其難，但一旦豁然通了，自在又何其易？如何才能豁然通了？這本書就是用很平易的語言，說普通的事，說著說著，讓你看著看著，突然悟到為何如此平易的事，如此普通的理，平日竟未想到！於是你不但悟到那很普通，卻老是想不起來的理，也認識了為何老是想不起來的原因，更悟到了有書可以提醒你的價值。

譬如許多人工作很多，開會很多，天天忙不過來。一心一意做事要快，說話要快，走路要快。但本書叫人「慢慢來」。突然，你若有所悟，放慢腳步，慢慢說話、做事，你覺得好像比較不那麼忙了。天下寧有是理？天下確有是理。我們的先哲莊子的著作就是透過從高處俯瞰人世的角度，分析是非、真假、美醜、快慢、夢與覺、德與不德、用與無用等等價值真相，叫醒人凡事不可以只看外表，不可以人云亦云。不同的是莊子的語言犀利、激烈、顛覆、震撼。星雲大師的語言和平、輕鬆、舉重若輕，拍拍讀者肩膀就讓他想起來、想回來，這事本來如此，原可這樣想、這樣做。真是春風拂醒夢中人。又許多人做人做事，難免得意忘形。大師勸人「簡單從事」、「功成不居」、「要低姿勢」。這些觀念，老子「道德經」中也一再提到。老子叫人「後其身而身先，外其身而身存」、「功成勿居，夫唯不居，是以不去。」意思相近，但老子的文字擲地有聲，語氣高調而雄辯。

大師的話如鄰人閑話，他的話是說給普通人、有緣人、無緣人都一起聽的，做到「大辯若訥」，卻是自然溫和。是真「低調」。

英國的培根，以精短論文成名，其論真理、論宗教、論迷信，一針見血，雄辯滔滔。但其姿勢是以「作之師」的口氣說話。法國蒙田的「隨筆」，口氣平靜，隨意而寫，但仍有知者「告知」不知者的匠心。大師說話為文只存「提醒」之意。意者這些事、這些「善知識」本來大家都知道，都能想到，只因有所矇蔽而忽略。我今提醒你，你或想回來，回歸本性就好了。這是真低調，菩薩心，這樣說，被提醒的人如沐春雨，悟過來了，心情愉快。

「價值」之為物其貌森嚴，或人以為要論價值，或發有價值之言，必須鄭重、嚴肅，以千錘百鍊之文字，發為石破天驚之語，方可濟事。大師以閑話家常之姿態言之，其價值在另一層次上，要看過本書才能發現。

（本文作者為專欄作家）

無形的可貴

人間萬事 2 價值觀

卷三 無用之用

卷四 觀自在

卷一

另類的財富

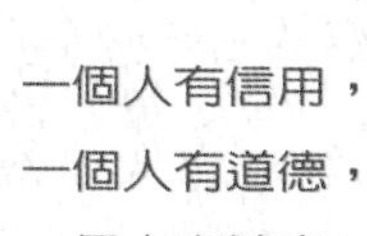

一個人有信用，信用就是財富；
一個人有道德，道德就是財富；
一個人有健康，健康就是財富；
一個人有責任，責任就是財富。

——《佛光菜根譚》

目中有什麼？

各位讀者，大家吉祥！

社會上，有的人傲慢，不把別人放在眼裡，因此被人批評為「目中無人」。不尊重別人，想要獲得別人的尊重，這是很困難的事。

世界上，賢愚不肖，千百萬種的人，我們應該怎樣對待他們？這是一門學問。但是不管什麼樣的人，我們都應該懂得相互尊重，所以要「目中有人」。我們的目中要有一些什麼人呢？

一、目中有有緣人

世界上的人，如佛經講，都是「如父如母，如兄如姊」，應該都是有緣人。你看，自古就有「異姓兄弟」，現在更有「異國鴛鴦」，大家都希望彼此結個善緣。假如能把這種善緣擴大，則世界就如古人所說「四海之內皆兄弟」，那麼世界將是何等美好呢？

二、目中有善知識：一切人不但都是我們的有緣人，甚至要把一切人都當成善知識，親近他、尊敬他、向他學習。即使沒有東西為我所學，我也能包容他，如孔子說「三人行，必有我師焉」，又說「我不如老農，不如老圃」，可見那一個人不能當我們的善知識呢？所謂「善財童子五十三參」，能把別人都當成善知識，自己必然日有長進。

三、目中有新移民：現在交通發達，真是「天涯若比鄰」，尤其隨著各國相互移民，慢慢促進種族融和，未來的世界將不再有國家、地區之別，大家都是地球人。所以，我們平時待人，不要心存成見，不要有排斥的心理，大家能共同在地球上生活共存共榮，何其美好？目前美國、澳洲，都是靠新移民的貢獻，才會更強、更大。因此未來世界的趨勢，對新移民要歡迎、尊重，國家才能成其大，才能展現國家文化的包容。

四、目中有原住民：我們目中有新移民，但並不排斥原住民。原住民是我們的前輩，他們對本土的開發，已經有了貢獻。例如，英國新教徒革命成功，建立美國後，對美國的原住民印地安人非常尊重，特別畫分一個區域，讓他們依照自己的習慣生活，繼續安居樂業。就是台灣人，多數也是由福建、廣東等大陸各省到台灣，他們到台灣後，對原住民也是一樣給予厚待。

五、目中有殘障者：吾人眼中，不要只看到英雄、美女等風雲人物，或是有錢有勢的達官貴人，我們應該看看街頭巷尾一些殘障人士，他們天生身體殘缺，享受不到健全人生的美好，我們應該懷抱「人飢己飢，人溺己溺」的心理。眼中能有他們，必能生起慈悲心，給予關懷、照顧，這樣我們的社會就會更和諧，更美好。

六、目中有小人物：不容否認，社會上有很多傑出人才，他們對國家社會的貢獻，我們要心生感恩。但是社會上還有很多不被人重視的小人物，他們有的靠自己的勞力維生，有的靠別人的救濟苟延殘喘，有的在別人的輕視中生存，沒有尊嚴，沒有榮耀，甚至沒有生活的喜悅。假如社會人士目中都有這些小人物，給予他們教育、幫助、提攜、尊重，讓他們也能提昇自己，和社會上的一般人一樣，同樣享有尊嚴的生活，他們也會成為社會安定、繁榮的力量。

我們的目中有什麼，代表著我們的心胸、智慧、眼界。我們的目中不是只看到一些百萬富翁、政治新貴；如果人人能用體己的心，目中所見都是有緣人、善知識、新移民、原住民、殘障者、小人物，則所謂「百花齊放」、「萬家共有」的社會，不是更美好嗎？

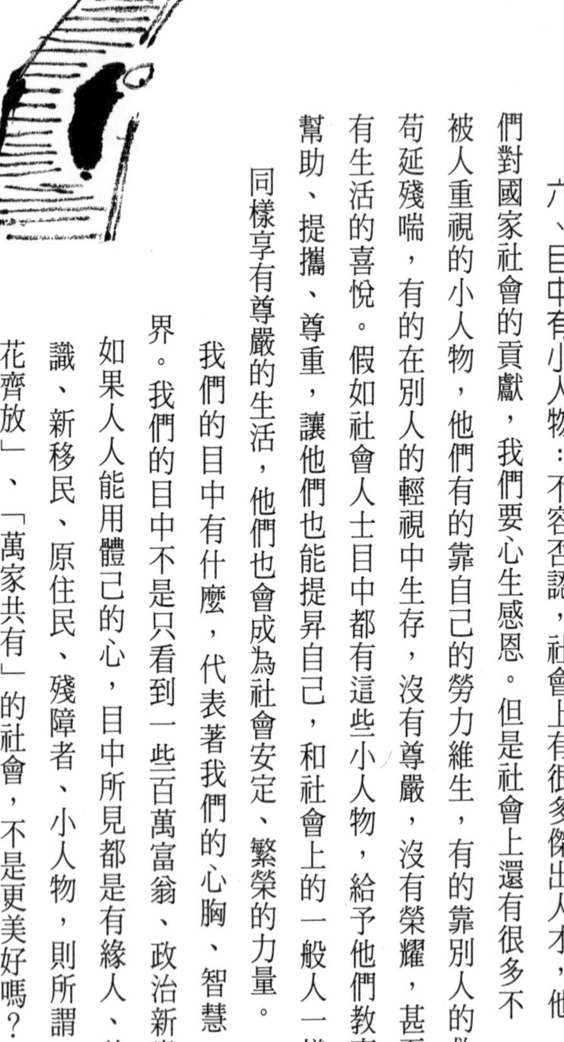

因緣

各位讀者，大家吉祥！

有人問：釋迦牟尼佛在西元前六世紀，於印度的菩提樹下、金剛座上，夜睹明星而證悟宇宙人生的真理，什麼是真理呢？答案是「因緣」。

世間上，儘管各種學說、宗教、思想，都在「此說此有理，彼說彼有理」，但是真正的宇宙人生的真理，仔細推敲研究，除了「緣起」以外，還有什麼能夠與之相比的呢？

說到緣起，佛法的解釋是：空要依有而立、果是由因而生、事要待理而成。所謂因緣所生法，凡事因緣生、因緣滅，所以「緣起」顧名思義，就是說宇宙之間無論什麼事物，都需要因緣條件才能生起，也會隨著因緣條件散去而還滅，所以「緣起緣滅」是不變的道理。茲將因緣的意義，簡要說明如下：

一、**凝聚力量**：一個手指沒有力量，五個手指合作握成拳頭，就有力量。所謂「眾擎易舉」，世界上的東西，一棟大樓，要靠多少的建材，才能矗立；一座橋梁，要有多少的鋼筋水能才成完成。把很多的東西聚集在一起，就能發揮共同的力量，即使虛空裡的萬有萬象，也都是因緣所成。

二、**結合資源**：人類登陸月球，不是一朝一夕，忽然就可以飛上天，而是結合多少人力、智慧、資源、時間，才能成功。現在世界上各種建設，舉凡飛機、高鐵、航空母艦等，如果沒有把資源結合起來，力量分散，就無法成就。

無量種色

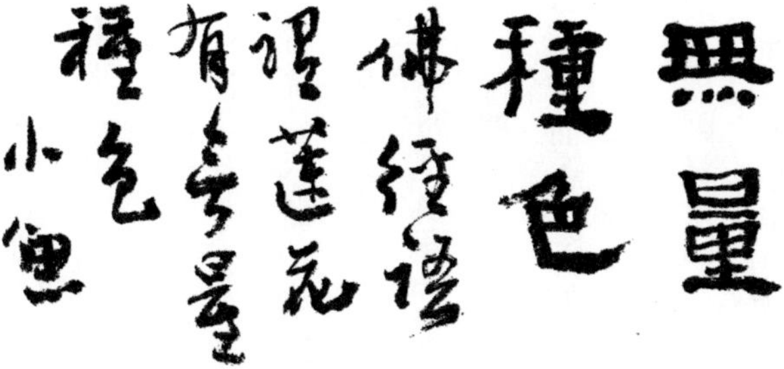

無量種色
佛經語裡蓮花有無量種色
小魚

三、集體創作：世間凡事要靠各種因緣結合，才能成事，就算是一齣戲劇，也要有男女演員、導演、編劇，甚至音效、燈光等，大家集體創作，缺一不可。一棟偉大的建築，也要有工程師、設計師、繪圖師、建築師，甚至還要水泥、瓦木工人等。一個國家要靠集體創作才能發展，一個團體也需要集體創作，甚至一個小小的籃球、一條手巾、一雙碗筷，也都需要集體創作才能完成。

四、組合條件：光是有各種資源，沒有組合的動力，也不能完成。沙石要水泥攪拌，鋼鐵之間需要螺絲串聯鎖緊，就是現代最熱門的網路傳輸，也要有軟硬體設備，包括電腦、光纖、程式，甚至設計工程師等各種條件組合，才能成就統領當代風騷的電腦科技。

五、互攝互融：因緣的意義，就是世間上沒有獨自存在的東西，每件事物都是仰賴各種因緣和合而有。例如，花草樹木需要陽光、空氣、水分、土壤、肥料等因緣，才能存活；一個人，需要士農工商供給我們衣食住行，才能生存。在各種因緣當中，都是你中有我，我中有你，如果失去大眾的因緣，就不能獨自存在，所以我們今日所擁有的一切，都應該感謝各種因緣互攝互融，才能讓我們生存共有。

六、證實共有：世間萬物，怎麼會有？都是因「空」而有，例如皮包不空，如何放錢？腸胃不空，如何活命？空就是因緣，所以世間也可以說是「因緣」而有。空讓我們生存，因緣讓我們共有，所以因緣的重要，就是證明共有的重要。

由此推衍開來，國家是人民所共有的，公園是人民所共有的，所以成為公司、公路、公共汽車。國家是共有的、公有的，是大眾的，所以政治領袖、國家的官員，你們掌握了人民共有的資源，應該好好的為公眾服務；如果大家能體會因緣的存在，就能接近真理，接近真理的人，還怕沒有辦法嗎？

上班

各位讀者，大家吉祥！

現在工商時代，「上班族」是社會結構中很重要的一群。社會上，除了在校的學生、專職的家庭主婦，以及農夫、作家等部份人士以外，幾乎每個正常的成年人都要上班工作。

「上班族」朝九晚五，藍領階級固然要上班，白領階級也是要上班。上班不只是工作，也是吾人的責任；沒有工作，無業游民，成為社會的寄生蟲，必為人所輕視。

說到上班，有的人一生上班下班、下班上班，悠悠歲月，數十寒暑都在上下班中過去了。但也有的人上班不久，取得高級職位，每天只要開會、連絡、應酬、公關，甚至經常出差、出國，可以自由的上下班。這是因為他的才華受到領導人賞識，所以上班族要能在上班中有所表現，才是重要。上班如何表現呢？

一、有充沛的體力：上班工作，一定要有飽滿的精神，要有充沛的體力，所以上班族要有正常的生活。睡眠充足、飲食有量，每天上班時，精神飽滿，自然能獲得主管的歡喜。

二、有陽光的心情：上班族不能天天陰沉著臉，面無表情，好像別人都欠他的債一樣，得不到他的歡喜。這樣的上班族，孤芳自賞，沒有人緣，就算認真工作，在工作上有所貢獻，但是沒有人緣，也會吃虧。

三、有計畫的行事：上班的人，不要像顆棋子，主管叫一聲，才有一個動作，叫一下，才做一件事。上班族是活人，要有活人的架式，不但要活力充沛，認真工作，而且工作要有計畫，有分配，有輕重緩急之分。最好每日對主管有報告、有歸納、有分析；如果三天不能對主管做一次工作報告，必定很難獲得主管的重視、欣賞。

四、有正確的觀念：上班族每個月領了薪水待遇，必定也要有對等的貢獻、成績。一個公司裡的員工勤奮工作，公司團體發了財，每個人也才能分享利益所得。如果上班時間不肯盡力工作，只是胡混時光，公司不能因你而得到利益，你又如何能得到公司的垂青呢？如此惡性循環的結果，也就可想而知了。所謂「正確的觀念」，就是不要只是為工作而工作，應該抱著服務奉獻的心工作；能把工作當成是人生的使命完成它，工作的意義、價值就不一樣了。

五、有目標的生活：工作不是只為賺取三餐溫飽，不能用無奈的心情應付它。所謂「人生以服務為目的」，有工作，人生才有意義，所以要從工作中奉獻人群，從上班中實現人生的目標。平時不但要替公司訂定工作計畫，不時的也要向主管提出建言，尤其每個月有工作進度，積極幫助公司開拓、發展。此外，自己的生活也要有所規畫，例如利用假日自我進修，或是帶家人出遊。平時親子互動往來密切，務使一家老幼生活安全而美滿、健康而自在。能夠治家有方、工作有道的人，人生才能幸福美滿。

大小

各位讀者，大家吉祥！

世間凡事都有大小之別，有大公司，也有小商店；有大海洋，也有小溪流；有大月亮，也有小星星；有大人物，也有小老百姓。

在大小之間，人總希望要大，不喜歡小，其實小也不一定不好。小的鑽石勝過大石頭，小小的一支筆勝過千軍萬馬，小小一點火可以燎原千里。但是一般人還是對大小有別，大的占有大機會，小的容易被人忽視，尤其有一些小的東西，確實不能跟大的相比，試舉如下：

一、**大量與小器**：人都有器量，有的人器量很大，有的人器量很小；一個人的成功與失敗，往往不是看他的聰明才智，而是看他的器量，小器者只能成就小事，大器者才能成就大事。

二、**大慧與小智**：人都希望求聰明、有智慧，但是有的人才華智慧很高，有的人只有一點小小的世智辯聰。吾人應該學習廣大的智慧，所謂「法門無量誓願學」，千萬不能有了一點小聰明，就自鳴得意，所謂「滿瓶不動半瓶搖」，會鬧出許多笑話來。

三、**大心與小願**：在佛教裡經常講「發心」，發什麼心呢？要發「大心」。《金剛經》說「無相布施，無我

度眾，無住生心」，所謂「無住生心」就是大心。有的人只希望求得自我的平安幸福，或是求兒求女、求富求貴，這種「小願」自然無法與「大心」同日而語了。

四、大根與小枝：人有沒有善根？是大善根還是小善根？人的根機大小，對於做人處事固然重要，對於修行辦道更是重要。大根機的人正如大樹，在佛經裡提到拘毘陀羅樹，樹身高大，形狀秀麗，枝葉繁茂而久住不凋，能避一切風雨之害；相對的，小枝小葉的小樹，自立尚不足，何能有益於人？所以人總希望要有大的氣派，大的風度，不要小家氣派，小家風度，因為小枝小葉不能和大根大樹相比。

五、大乘與小教：在佛教裡有大乘教與小乘教的分別，佛陀常呵斥小乘教的人是「焦芽敗種」，因為他們不發心利眾，只圖個人的解脫，實不足取。反之，大乘心量的人就如《法華經》說的「大白牛車」，也就是如同現在的七四七噴射客機，一載數百人，揚長而去，何其得意。所謂「龍已乘雲升天去，魚蝦還在呶眼睛」，大乘與小乘就有此分別，所以寧可在大乘佛道裡做僕人，不在小乘道場裡做老師。

六、大衆與小黨：現在是民主時代，我們重視一般的社會大眾，也容許小黨小派的存在。小黨小派，少數人的意見，不無可取之處；社會大眾，人多勢眾，必為大眾所想所歸。談到民主，其實佛教最為民主，佛教可說是開民主的先河，例如佛陀成道時的宣言：「大地眾生皆有佛性」，就說明大眾的可貴；佛教講究「統理大眾」、「供養大眾」、「大眾為先」，在在都表達民意、民主的可貴。所以，任何時代，我們希望「少數服從多數」，能成為國家的優良傳統。

大與小

各位讀者，大家吉祥！

「大小」是物體的比量，但是「大」並不代表其價值一定勝過「小」，最明顯的例子，大如石塊，小如鑽石，你說大小的價值何能相比？再者，大如象馬獅虎，小如小貓小狗，受寵的時候，小貓、小狗的價值勝過大象、牛馬。前方作戰的大將，回國後見到年幼的小王子，也要三跪九叩。針對「大與小」，試為一論：

一、**大如虛空，小如微塵**：宇宙中，虛空最大，微塵最小，但是「須彌藏芥子，芥子納須彌」，在事相上，大是大，小是小，在理性上，大不一定大，小不一定小。例如，我們的一顆心，心包太虛，量

周沙界，虛空都在我的心裡，法界都在我的胸中。因此大的虛空，小的微塵，也是可以相互包容，因為一粒微塵，一個虛空，都是「一」。

二、大如君王，小如獄吏：在一個國家裡，以君王為大、為主，管理犯人的獄卒可謂微不足道。但是有時君王、太子、王后、皇妃被囚的時候，也都歸獄卒管理。君王宰輔操生殺大權，王要誰死，誰不得生，王要誰生，誰也不必死，但是一旦打入天牢，獄卒雖小，就可掌握他們的生死。齊國太史伯，因大臣崔杼殺了淫亂無道的齊莊公，因此秉筆直書「崔杼弒其君」，可見皇帝也不是最大，也不是最有權力。

三、大如海洋，小如溪流：大海裡驚濤駭浪，澎湃洶湧，令人不禁歎服海洋的浩瀚；小澗涓涓，雖緩而細，但它也可以大聲說，沒有我們這些滴水匯集，何能成就海洋之大？所以「大」是「小」之積，小可以成其大。大也不一定比小的有用，大如海洋，一旦受到衝擊，形成海嘯，萬民受害；不若滴水流入溝渠，可以潤澤大地，使萬物欣欣向榮。所以，大未必有功，小未必無利。

四、大如機械，小如螺絲：七四七的飛機能在天空飛翔，固然靠它龐大而齊全的各項裝備，但是其中的一顆小小螺絲釘，也是居功厥偉。如果沒有小螺絲釘鎖住大機械，就是再先進的機種，再堅硬的鋼鐵構造，也會四分五裂，造成危險。天地間，一粒小沙子，一顆小石頭，看似無用，但與水泥混合成混凝土，就可以建橋梁、造大樓，供人安全使用。可見大不是全能，小也不是無能。

五、大如獅王，小如身上蟲：獅子是陸地上的獸中之王，獅子一吼，萬物皆驚。一般兒童最崇拜英雄好漢，也崇拜獅子，一談到獅子，無不讚其威武勇猛。但是殊不知，雄壯無比的獅王，也有弱點。在非洲有一種牙籤樹，樹上長了很多像牙籤一樣的刺，獅子奔跑時，一不小心誤觸牙籤，身上就會發炎，最後皮膚潰爛而死。另外，獅子身上的小蟲，也是獅子的剋星，所謂「獅子身上蟲，還食獅子身上肉」，所以世上任何事物都是物極必反，大小相剋。

大不是大，小不是小。一顆子彈，能摧倒一個王朝；一個小女童，也能征服一個帝王，獲取政權。大與小，何者大乎！

平衡

各位讀者，大家吉祥！

世間有很多的對立，必須加以平衡，才能和諧發展。例如，社會的供需要平衡，物價才能穩定；家庭的收支要平衡，財務才不會出現危機。甚至世界分有兩極，人類分有兩性，都要有個平衡點。無論什麼事，找到平衡點，從平衡出發，才知道兩極的是非得失。所以，舉凡上下、大小、遠近等各種對待，都要有一個中心點的平衡；乃至個人的生活、人際往來、精神狀態等，都要找到平衡點，才能身心自在。茲就「平衡」略

述如下：

一、精神與物質要平衡：精神是抽象的內心世界，物質是外在有形的東西。太重視精神層面，會覺得虛浮空蕩，沒有踏實感；太重視物質，又會被五光十色的物質所迷惑。所以，每個人的生活，應該要把精神與物質調和起來，要懂得平衡處理。

二、個人與大眾要平衡：人，多數是自私的，重視自己，少顧及大眾；但也有人寧可犧牲自己，成全大眾。大眾誠重要，但也要懂得把個己融化為大眾；個己雖自私，但是大眾也要成就個體的未來。沒有個人的參與、犧牲、奉獻，就談不上大眾；沒有大眾的因緣成就、助成，也不能實現自己。所以，個人與大眾，應該要找到一個平衡的發展。

三、富貴與貧窮要平衡：世界上有很多地區，都是貧富不均，包括中國數千年來的社會，為人所詬病的，也是貧富不均。所謂「富人一夕酒，窮人十年糧」，把貧富拿來做個比較，可以看出是兩個極端的世界，不像一體，所以現代化的國家，首要之務，就是把貧富的距離拉近。富有的人不要奢侈浪費，貧窮的人也不是那麼嗷嗷待哺的辛苦生活，能夠實現貧富平衡的社會，才是進步的現代化社會。

四、忙碌與安閒要平衡：世間上，有的人非常忙碌，也有的人非常安閒，所謂「勞役不均」。其實，忙碌的人需要休閒的生活；太安閒的人，不能忙碌起來，好像來到世間，只有分享利益，而沒有貢獻，如此活著又有什麼意義呢？因此，太忙、太閒都不是生活的中庸之道；忙中有閒，閒中有忙，忙碌之後要休息，休息以後要工作，要在忙碌與安閒之中，找到一個生活的平衡。

五、熱情與冷漠要平衡：人的性格，有的人熱情，有的人冷漠。太熱情的人，常常得不到同等的回應，容易使自己洩氣；冷漠的人，像枯木死灰，毫無人氣，也得不到別人的欣賞。所以，熱情的人不必失望，這個世界還是需要你的熱情付出；冷漠的人，也不要太過冷漠，能把冷漠轉化成熱力，用熱力來融化人情，才是最好的處世之道。

六、快速與緩慢要平衡：我們的社會，談到人真是形形色色，有的人辦事迅速，有的人做事緩慢。迅速的人，從不優柔寡斷，乾淨俐落，作官人民尊敬，做事同事歡喜；緩慢的人，也有他的個性，或許也有他「慢工出細活」的哲學。但是，凡事總有個中道，車速太快，容易出車禍；車速太慢，行在高速公路上也要受罰。所以快慢之間，還是應該找到一個平衡點，最為重要。

才與財

各位讀者，大家吉祥！

才，是人才；財，是錢財。世間上，人才重要呢？還是錢財重要？我們是要人才呢？還是要錢財？試說如下：

一、要人才不一定要錢財：佛教講「人能弘道，非道弘人」，任何團體的發展，先要有人才。例如，一個國家只要有人才，就能提升國力，就能推動各項政策，就可以發展各項建設；反之，只有錢財，不會運用的話，錢財也會敗壞國家社會。所以，培養人才為重，有了人才才會運用錢財；只有錢財，錢財買不到智慧，光有錢財，不容易培養人才。錢財容易賺取，人才難以獲得，所以無論在那裡，人才比錢財重要。

二、要法財不一定要發財：人都希望要發財，但是有了世間的財富，更要有真理的財寶。世間的財富能解決物質的生活，真理的財富能發揮精神的成就。世間的財富有用盡的時候，真理的財富取之不盡，用之不完。例如，你有幾億的家產，但是財富乃「五家共有」，頃刻之間，再多的財富都不是我的。但是真理的財富，不管世事如何變遷，不管走到那裡，只要我有慈悲，我有般若，我有忍耐，我有自在，這些真理的財富都屬於我所有。

三、要才力不一定要財力：為人在世，可以欠缺財力，但不能缺少才力。人為財死，錢財招來殺身之禍，時有所聞，所以不一定要擁有很多的錢財。但自己有真實的才力，思想上的才力，智慧上的才力，救世的才力；不管那個時代，那個國家，那個家庭，那個個人，只要有才力，不怕未來沒有希望。

四、要善財不一定要橫財：財富不是不好，就等於拳頭，可以打人，也可以幫人搥背，所以錢財要變為善財、淨財、通財、共財，這樣的錢財，才有價值。例如，自我個人的錢財，能公之於大眾，成為共有的財富；現在的財富，能培養未來的功德財富，成為永世的財富。所以世間的財富並非不好，只要是善財，多多益善；但是橫財，也就是不義之財、不當之財，只會招惹災禍的財富，不要也罷。

五、要通才不一定要專才：現在社會上很重視專業、專才，不可否認，現在社會發展，高科技專才發揮了很大的作用，但是社會普遍還是需要通才，不一定非專才不可。因為當今的社會，是一個開放、多元化的社會，所以只懂得某一項專業的專才，就如古代的書呆子，只曉得鑽牛角尖；如能通達各種學問，所謂「一理通，萬理徹」，懂理科，也懂工科，懂哲學，也懂文學，懂地理，也懂歷史，懂經濟，也懂金融。一個國家能有一些專門人才很好，但是多一些通才，也是重要。

才、財，都很重要，有人才也有錢財，有錢財也有人才，才財兼具，當然很好。不過仔細推敲，才、財孰輕孰重？魚與熊掌，皆吾所要也，當兩者不可兼得時，捨魚而取熊掌，所以「財」可貴，「才」更可貴。

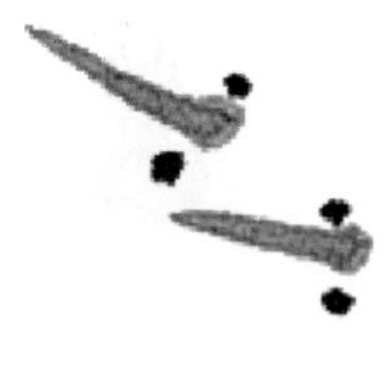

不要複雜

各位讀者，大家吉祥！

世間萬事，有的單純，有的複雜；單純的比較容易處理，複雜的處理起來就棘手多了。所謂「複雜」的，例如，風雨交加就是自然界的複雜，冷熱無常就是氣候的複雜。當然，複雜不是完全不好，彩色繽紛就是複雜，多種語言也是複雜。但是有時候會講多種語言，更加方便；多種色彩，更加美麗。只是一般講，凡事還是簡單化，不要太複雜為好。例如：

一、**感情不要複雜**：家庭裡的分子，雖然講究感情和睦，但仍注重男女有別、長幼有序的倫理。時下的社會，兩性的交往，太過複雜，處理起來倍感困難，不如愈單純愈好。

二、工作不要複雜：古代工人建房屋，從砌磚蓋瓦、木工油漆、門窗地板，一概都由一人負責。現在的社會，講究分工，板模工人、紮鐵工人、土木工人、水電工人，甚至管線安裝、室內裝潢等，各有所司，各有專業，不會複雜，因為愈是單純的工作，愈能精細。現代人不時興「樣樣皆通，樣樣稀鬆」，而是重視專業，每個人只要配合大家，把自己負責的一件事做好，就是完成任務。

三、程序不要複雜：現代人做事，很講究程序，開會有開會的程序，教學有教學的程序，工程有工程的程序，宴會有宴會的程序。甚至寫一篇文章，組織、架構、論述，都要講究程序；做一道菜，油鹽佐料，那樣先、那樣後，也有程序。你不依程序，或者沒有程序、亂了程序，凡事都會複雜，事情一旦複雜化，就難以有圓滿的結果。

四、人事不要複雜：世間無論什麼事，都以人為主，人事布局，資源不能重複，否則就是浪費。不過也不能分工不清，工作分配不清，就會混亂。在人間，管錢、管事，都算容易，因為金錢和事物都不會講話；但是管人很難，因為人有自己的意見、看法，只要他稍感不平，就會有反應。因此，人事的升遷、賞罰，彼此間的關聯，都不要太複雜，才能事半功倍。

五、環境不要複雜：現代人求職，無論工廠、公司、學校、機關，都重視工作環境。有時候環境不適合，如交通不便、設備不全、辦公室太過擁擠、各種資訊不足等，就算待遇優厚，因為環境不能滿足他的需要，也只得另謀他就。所以現代人工作，不但要求人事和諧，主管領導有方等條件以外，設備完善、環境單純，也是重要的訴求之一。

六、思想不要複雜：人是有思想的動物，思想是一切事業的原動力，工作要靠思想才能開展，才能創新，才能改進。但是思想太過複雜，朝三暮四，不停的變來變去，使共事的大眾不知所從，最後也會厭煩求去。與同業間要有競爭力，必須要有思想；思想要有條理，要有遠見，要能趕得上時代，但不能複雜。

除上所提，感情、工作、人事、環境、思想不能複雜以外，其他還有很多事也都不宜太複雜。例如，說話不要太複雜，生活不要太複雜，交朋友不要太複雜，讀書不要太複雜。現代的社會，講究專業，為了適應時代，只有在專業裡精益求精，但不宜太複雜。

地位

各位讀者，大家吉祥！

人生關心的問題很多，其中有一個最令人掛念的事，就是自己的地位如何？在家庭裡的地位，在公司裡的地位，在朋友中的地位，在親人中的地位等等，總要求得一個合乎自己身分的地位。茲就「地位」一說：

一、席次的地位：開會、宴會、集會，我坐的席位，能代表我的地位。如果我是默默無聞的普羅大眾，當然不計較席位；如果我的財富、官職大，就會計較席位是否合乎我的身分。所謂席位，一般客人坐定之後，忽然來了一位貴賓，則席位就要搬家，為有地位的人讓出席位。

《水滸傳》裡，很多好漢集中在梁山，就是以地位來定身分。第一寶座急時雨宋江，第二寶座玉麒麟盧俊義，第三寶座智多星吳用……，他們就是用位置來確定地位。現在社會進步，宴客、會議，有方型的席位，有圓型的席位，有長條型的席位，甚至有的還用座位卡排定席次，以免一般人坐錯位置，讓地位不能彰顯特定的身分，亂了身分，也就亂了地位的次序。

二、官場的地位：地位的前後、左右、上下，在官場中分得最清楚。例如，有特任級、簡任級、薦任級、委任級，有中央的、地方的，有掌握實權的、虛有頭銜的。在各種官階裡，總要比一比斤兩，地位不能錯亂。特任官在講話，簡任官最好少開口；簡任官在說話，薦任官最好不開口。官場的倫理，官做得愈大，愈有權威；愈有權威的人，愈有權利講話。其實，也不能說官場勢利，官場的倫理、秩序，總有大小、前後，以定尊卑。

三、社會的地位：有的人，在政治上沒有地位，在學術界也沒有地位，他只有在社會上謀取地位。例如，急公好義，為人正直，主持公道，他會贏得一定的地位；樂善好施，不落人後，凡是公益，全力以赴，他也會贏得社會的地位。發言中肯，可以成為意見領袖，就有社會地位。當然，著書立說，造福鄉里，關懷大眾，他也會贏得社會的地位。中國民間就有很多這樣的社會領袖，具有社會地位，為社會人士所尊重、讚美。假如一個民主政治，真的「選賢與能」，這些有社會地位的人，就會很容易當選。

四、歷史的地位：有的帝王施政有方，贏得在歷史上的仁王明君地位；一場戰爭，不論勝敗，只要是一個英雄人物，也會贏得他的歷史地位。例如，關雲長、岳飛、文天祥、史可法，都有他們的歷史地位。其實，小人物也能獲得歷史地位，例如武訓「乞討興學」，現在興辦教育的人，都以武訓為榮，所以小人物也有歷史地位。就算是老子、孔子、孟子，他們並未做過大官，但憑他們的道德、智慧，也能贏得歷史的地位。因此，人不必灰心，只要對國家社會有貢獻，歷史不會辜負人，都會有他的地位。

上面所說的地位，有的是用金錢來衡量，有的是用權勢來定位，當然也有的是社會、歷史的地位，那就需要自然形成，由眾人來給予肯定。世間上有很多可以下令殺人頭、要人命的帝王，到最後歷史上沒有他們的地位，那些被殺者反而成名，可見人生的成敗、地位，都不是一時的。

不能隨便

各位讀者，大家吉祥！

在我們日常處事當中，經常有一些無關緊要的事，我們都會交待說你「隨便」辦就好了！例如，「要吃飯？還是吃麵？」「你隨便煮一碗麵就好了！」「要喝茶？還是喝開水？」「你隨便幫我倒一杯開水好了！」這些事是可以「隨便」的，但是人生有一些事是「不能隨便」的，例如：

一、選擇學校不能隨便：學校有大小，選校倒不一定要選大的，大的不一定好，小的也不見得不好，

應該選擇的是師資、校風的好壞。因為幼童進了學校，就如一棵花木，任憑園丁栽植，要彎要直，任其雕琢。萬一選校不當，幼兒的天性、資質，往往被不善教的老師戕害了，殊為可惜。有些家長認為小學不重要，不必選擇。其實人生的學習，由小看大，從幼稚園開始，每一個階段，學校都很重要。過去讀書有「不擇時、不擇地、不擇師、不擇讀物」之說，其實以教育的原理來看，人生如一張白紙，你在上面塗上什麼顏料，他就呈現什麼色彩，所以選擇學校不能隨便。

二、選擇民代不能隨便：台灣實施民主憲政以來，每遇大小地方的民意代表選舉，都非常熱鬧。選舉要「選賢與能」，但一般公民還不具備這樣的素養，所

以感情選舉、賄賂選舉、黑函選舉，不一而足。儘管現在有心人推動「乾淨選舉」，但不見成效。選舉時的買票、送禮、招待旅遊、餐飲聚會等，什麼花招都有。在這種選舉之下當選的民代，怎麼能有水準？怎麼能為全民服務？民主政治已經學習這麼多年了，每次選舉，候選人的政見我們都知道，他們的歷史、背景，我們也都了然於心，只是選民的程度還未達「選賢與能」的水準，致使努力數十年的民主政治之建立，還需要時間。

三、選擇伴侶不能隨便：我們選擇工作，不適合可以更換，買房子，不滿意可以重買。甚至交朋友，不能志同道合也可以慢慢疏遠，唯有選擇終身伴侶，不能隨便更換。一般人看到一個美女，就認定這是我一生的伴侶；但是夫妻在一起，不是每天只用眼睛看就夠的。有的人聽到對方講話好聽，就想這是我喜歡的對象；只是夫妻一輩子的相處，豈能只有說說話？一生的伴侶，必須性情相投、心意相通，人生的觀念、興趣、習慣、待人處事等，都有共同點，彼此才能永結同心，才能琴瑟和鳴，才能相伴一生。

四、選擇信仰不能隨便：選信仰不是選那個宗教，其實是選自己的真心。有的宗教是「一神論」，有的宗教是「多神論」；有的宗教講究「武力」，有的宗教講究「慈悲」；有的宗教講「神話」，有的宗教講「生活」；有的宗教重視「玄談」，有的宗教重視「實行」。所以，你選擇那一種宗教，是你的真心本性，就看自己的抉擇。

說到「不能隨便」的事情，其他如合伙做生意的夥伴不能隨便，選擇研究的學科不能隨便，甚至平時的說話，都不能隨便。

中

各位讀者，大家吉祥！

儒家說「不偏謂之中」，中，實在是一個很好的字。你偏左、偏右，立場不居中，讓人認為你有所不公；聲音太大、太小，不適中，讓人聽起來覺得不舒服。開車，車速太快，會被開罰單；太慢，也是要罰錢了事。

國際間有了戰爭的時候，有些國家保持「中立國」的立場；自己的好朋友，忽然起了爭執，自己保持「中立」的態度，這都是息事寧人，容易給人諒解。

茲將「中」的好處，略述如下：

一、以中場休息調整精神：打籃球，有中場休息時間；踢足球，也有中場休息時間。開會，有中場休息時間，甚至音樂會也都有中場的休息時間。中場休息，就是給你調整身心，消除疲勞，讓你精神煥發，有力量重新出發。

二、以中立角度協調糾紛：思想不同，立場不同，兩邊鬥爭，勢必要靠中立的人士從中斡旋，以息干戈。所以，不只國際戰爭，需要中立國出面協調；某一個國家的政黨相爭不下，也要靠中立者出面調和鼎鼐。有爭，必是相互傷亡；能忍一口氣，所謂「忍一口氣，風平浪靜；退一步想，海闊天空。」協調者，要能公平、公正，讓大家皆大歡喜，這才是中間路線。

三、以中空態度吸收新知：我們要喝一杯茶，茶杯必定要空，才能裝茶；吃一碗飯，碗必然是空的，才能盛飯。我們要建一所房子，須有空地，才能建造；我們平時把物品放在那裡？必須有空的倉庫，才能存放。所以，「空」才能成就「有」，空才能吸收外來的因緣；如果我們的心中成見很深，不留空間，外來的新知，也不容易進入。因此，空是破除執著的，執有的妄見減少，空見增加，自己的世界必定會愈來愈開闊。

四、以中間路線行使外交：過去世界分成蘇聯、美國兩大陣營，各國不是親蘇，就是偏美。今後世界的強國，必以中國與美國為核心，看起來未來不是偏中，就是偏美。其實，未來的世界，以中共國家主席胡錦濤的話說，「和諧世界」最為美麗。和諧世界，大家共存共榮，不是很好嗎？

五、以中庸之道待人處世：儒家學者做人處事，講究「中庸」之道。做人，給人留一點餘地；說話，給人留一點立場。力不要使盡，以免後繼乏力；武力不要用完，才能保持實力。所以，中庸之道就是不要乘勝追擊，不要趕盡殺絕，保留一些轉圜的空間，以便將來還有再見的時候。

六、以中道思想體悟真理：佛教對中道思想，發揮得最為透徹。佛教講世間、出世間法，道理有真諦、俗諦，但佛教還有一個中道第一義諦。你談空，你說有，在空有之間，佛教也有一個融和空有的中道思想。所謂「不起有見如妙高山」，同時也「不起空見如芥子許」，世間萬事萬物，都是一體兩面，所謂「色即是空，空即是色」，說有沒有，說空不空，那才是真正的中道之義。

先後

各位讀者，大家吉祥！

「誰先誰後？」這是一個很有趣的問題。經常有人問：「先有雞？還是先有蛋？」如果沒有雞，怎麼會有蛋？沒有蛋，怎麼會有雞？再問：「先有樹木，還是先有種子？」如果先有樹木，沒有種子，如何長出樹木？如果說先有種子，沒有樹木，種子從那裡來？

也有人問：「先有山？還是先有水？」地球上，有山的地方都有水，有水的地方也有山，甚至海洋裡都有島嶼。更有人問：「先有人類？還是先有世界？」先有人類，沒有世界，人類住在那裡？先有世界，沒有人類，如何創造世界？

所以，「誰先誰後」的問題，自古以來困擾著人生。茲就「先後」，略述如下：

一、世界沒有先後：「先後」是對待的，是「比量」，但世界是「緣起」而有，緣起就是靠因緣和合而生。例如，一棵樹，要有種子、土壤、水份、陽光、空氣等因緣結合，才能長成樹木；樹木長大後，開花結果，又成為種子，又再繼續繁殖。如此生生不息，就如雞生蛋，蛋孵雞，彼此相關，沒有先後，只有緣起。

二、先後是一如的：先後不是定型的，軍隊的操練，走在前面的為先，走在後面的為後，但是一聲「向後轉」，後面的變成在前，

前面的反而在後，所以先後位置是可以調換的。佛教講「輪迴」，就如時辰鐘，十二個時辰，誰在先？誰在後？說先，每一個都先，說後，每一個都後，所以先後是一如的。

三、先後是連體的：「長江後浪推前浪，世上新人換舊人」，父親生子，子又生孫，孫再生子，子再生孫，子子孫孫，輪迴週轉，永無止息。一棵種子，結了果實，果實成為種子，他們相互輪迴，誰先誰後，已經不是那麼重要了。在世俗上，總有先來後到，先到後隨。但是你說後到的人，後面還有人隨後又到；你說先來，前面早已有人捷足先登，先後如何論定？因此，即先即後，即後即先，先後是相連一體的。

四、先後是圓形的：人類有先後的觀念，這是因為受到知識的限制。實在說，在佛教看來，時間無始無終，空間無內無外。佛教說到人生，即使有前人、後人，但在無始無終的時間裡面，生命是環形的。好像季節有春夏秋冬，身體有生老病死，但是冬天去了，不就是春天了嗎？人死之後，不是又可以再生嗎？一部新的汽車出廠，用了幾年，報廢之後，經過工廠改造，又是一部新的汽車出廠。新的還有更新，前的還有更前，所以前前後後，新新舊舊，就如《般若心經》說：「色即是空，空即是色」，先後是圓形的，是循環不已的存在。

人生的痛苦，都是因為有對待，有你有我，所謂「我相、人相、眾生相」，因為有對待，所以有苦樂。苦樂本身也是對待的，數百年前的社會大眾，沒有汽車、冷氣、冰箱、電視，他們都痛苦嗎？他們一樣活得怡然自得。所以，物質的有無，不是苦樂的必然；秩序的先後，也不是人生的必然。在前在後，是新是舊，只是我們的妄想分別罷了。

少什麼？

各位讀者，大家吉祥！

在童年的時候，慈祥的父母經常會問我們：你有少什麼嗎？我們都說：不少什麼！少年時期，老師也會偶爾關懷一下，問一聲：你少什麼嗎？我們為了自己的尊嚴，在師長面前也說：我不少什麼？及至長大，卻發現自己的人生，少的東西太多了！

仔細算一算，人生少什麼呢？

一、衣櫃裡少衣服：窮！窮！窮！再怎麼窮，總有個衣櫃子，但是有衣櫃，裡面沒有衣服可放，有什麼用呢？

二、米缸裡少米糧：一個正常家庭，所謂「柴米油鹽醬醋茶」，應該樣樣具備才對，但人間豈能家家富足？有的貧寒之家，米缸裡經常缺糧，其他的油鹽醬醋茶，就更加沒有著落了！

三、金卡裡少鈔票：現在社會進步，幾乎人人都有很多卡，金卡、銀卡、鑽石卡；刷卡的時候痛快，之後銀行催繳卡債，可就不勝負擔了。一個上班族，每個月工資能有多少？刷卡的時候毫無預算，只知盡情的刷刷刷，其實每刷一次卡，都像在剝自己的皮、抽自己的筋、割自己的肉一樣，不懂節制的刷卡，刷到最後人生只會皮骨無存。

四、書櫥裡少書籍：過去的家庭，客廳裡少不了裝設一個酒櫃，後來提倡書香社會，很多人附庸風雅，把客廳的酒櫃換成書櫥。但是書櫥裡空無書籍，或者頂多擺個套書當裝飾，平時並不看書。一個家庭裡，人人與書無緣，怎麼會進步呢？

五、頭腦裡少智慧：現代人，每天為了家務忙，為了上班忙，甚至「為人作嫁為人忙」。每天忙著雜務，不懂自修，頭腦裡怎麼會有智慧呢？頭腦裡沒有智慧，就像枯木不能逢春，小樹不能成蔭，沒有智慧的人，能做什麼呢？

六、人生裡少貴人：一般平民百姓、農工之家的小孩，眼看著別人總有個親戚、朋友，偶爾拉抬一下，很容易就有機會出人頭地。可是自己「外無期功強近之親，內無應門五尺之僮」，貴人在那裡呢？假如一些社會公益團體，能做平民大眾的貴人，經常舉辦一些職業訓練，替各行各業招考人才，不斷提供各種就業訊息，讓一般人民都有機會上進，不是很好嗎？只是這樣的貴人也不容易找！

七、心靈裡少空間：現代人每天忙碌，茫無目標的忙碌，不但讓人頭腦少智慧，尤其心靈裡沒有多餘的空間，讓自己能夠從長計議，讓自己有一些伸展的機會。心靈裡充塞了無奈、無知、無望，只有無語問蒼天：人生的希望到底在那裡？

八、生活裡少滿足：社會上，再有錢的人，永遠不知足。有了大樓，想住別墅；有了國產汽車，希望擁有進口賓士。有了嬌妻，還想美妾；有了一百萬，還要拼命賺他個千萬、億萬……人生不知足，永遠都是窮人，永遠不快樂；反之，知足的人，睡臥地上，猶如天堂。知足常樂，人生夫復何求！

心的柵欄

各位讀者，大家吉祥！

人間有很多的柵欄，國界、海關就是個柵欄；城門、圍牆就是個柵欄；房門、隔間也是個柵欄。現在有很多私人的庭院、花園，為了畫清界線，不肯與人共有，也會種上一些花草樹木，以免別人越雷池一步。

除了外在境界上的柵欄以外，人事上也有很多的柵欄：男女的柵欄、老少的柵欄、貧富的柵欄、宗教的柵欄等。人間有自然形成的柵欄，也有人為建築的柵欄，總之，有了柵欄以後，人的生活就有了界線，人我之間就有了距離，就不能平易的坦然相見了。

除了上述的柵欄，另外還有一種更可怕的心理的柵欄：心理的愚昧，心理的分別，心理的計較，自己在心裡製造出許多柵欄。心理的柵欄，有好的，表示規矩，表示守分，但是也有壞的柵欄。心中有那些不好的柵欄呢？

一、**貪婪欲望的柵欄**：人的內心有個欲望的簾幕，裡面包藏了許多貪婪的擁有。因為欲望的帷幕厚重，看不清楚外面的世界，一心只想到自己的擁有，看不到別人的需要，不肯和別人共享自己的所有，不懂得把自己所有的用在利益他人的適當之處，因此欲望貪婪的柵欄，是使我們的心走不出自我的最大原因。

二、嫉妒忿恨的柵欄：一個人一旦心中燒起了忿恨的怒火，任何善言建議都無法聽入耳中，甚至對別人的善心好事，也用忿恨的刀劍加以破壞。忿恨嫉妒的柵欄，讓我們與社會大眾產生距離，我們不能容納他人的好人好事，自然無法分享，也無法共有。每天看這個人，我忿恨，把他丟到心外；看那件事，我討厭，把他拒之於千里。由於自己心中狹隘，容不下自己不喜歡的人事，因此失去很多因緣，殊為可惜。

三、哀愁苦惱的柵欄：當一個人心中充滿悲傷的情緒時，你說什麼話，他都聽不進去；當煩惱占據一個人的心房時，你說什麼善言，他也不以為然。他的心中完全被哀愁苦惱的柵欄圍困，因此儘管旁觀者清，想要為他排難解憂，也是愛莫能助。

四、懷疑畏懼的柵欄：人的疑懼心理，是障礙前途發展的一大毛病。《金剛經》把「狐疑不信」列為學佛的一大障礙。當一個人猶豫不決，進退失據，再好的機會、再好的因緣，都無法把握。所以佛教鼓勵人要「斷疑生信」，有了信心的手，才能取寶；有了信心的枴杖，才會安全；有了信心的明燈，才能照亮前途；有信心，才不會畏懼。一個人擁有錢財，畏懼盜匪；擁有房屋，畏懼地震風災；擁有名位，畏懼批評毀謗；擁有家人，畏懼各種傷害；有了知心朋友，又怕別人破壞。人世間的苦難，沒有勇氣面對，只在畏懼中躲避，怎麼會快樂呢？

所以，心裡的柵欄要把它拆除乾淨，否則惡法占據心胸，善法不容易進入，人生就很難走出光明的前途！

另類的財富

各位讀者，大家吉祥！

人都希望發財致富，但是聰明的人應該知道，不是擁有金錢、股票就是富者，世間其實有很多另類的財富，只是一般人不容易體會，如果人人都能體會到另類的財富，則世界上沒有窮人，大家都是最富有的貴人。例如，我們遊走大地山河，大地山河就是我們的財富；我們看到日月星辰，日月星辰就是我們的財富；我們流覽公園、博物館，公園的風景，博物館的收藏，我們享有它，它不就是我們所擁有的財富嗎？

自古以來，人類自耕自食，自織自衣，有時不求助於人，也不會感覺缺少什麼。所以，財富用現在的物質來比較，有貧富之別，如果在另類的財富裡，大家都是平等的。舉例說，我們有氣質，氣質不是財富嗎？我們有器度，器度不是財富嗎？有誠實，誠實不是財富嗎？有慚愧，慚愧不是財富嗎？有信仰，信仰不是財富嗎？家庭和諧、社會名望，不都是吾人的財富嗎？以下再舉另類的財富數事，以為佐證：

一、**歡喜**：金銀財寶再多，股票再多，如果不歡喜，人生也沒有意義；擁有歡喜，不是人生很大的財富嗎？

二、**健康**：吾人擁有良田華廈、妻妾傭僕，但是終年疾病纏身，這樣的人生也快樂不起來，所以有健康的身體，雙手能動，雙腳能走，雙眼能看，雙耳能聽，健康就是我們的另類財富。

三、信仰：我信仰自己心裡有無限的寶藏，我信仰佛國淨土未來可以居住。我信仰因緣果報，就能改善我的命運；我信仰勤勞努力，就能發財致富。信仰可以安慰我的心靈，改善我的貪欲，增加我的滿足、自在，肯定我的節省、淡泊，說信仰是吾人的另類財富，一點也不為過。

四、滿足：世間有形的物質，包括黃金美鈔、有價證券，再多也不會滿足；不滿足，只是一個有財富的貧窮人。相反的，雖然不是很有錢，但有滿足感，時時都覺得自己日用很充足、心理很歡喜，這才是世間上真正的富人，所以滿足是另類的財富。

五、感恩：不知感恩，表示自己貧窮；常懷感恩的人，因為他的心中很富有。我們看到世上有一些人，慢慢發財致富以後，他會回想過去幫助他，讓他有機會發財的恩人，所以心生感恩，用種種方法回報恩人。有人說：「施比受更快樂」，這就是感恩是財富的道理。

六、慚愧：慚者，對不起自己；愧者，對不起他人的意思。慚愧心是任何人都有的寶貝，做兒女的，慚愧自己對父母不夠孝順，對朋友幫助不夠；為人父母者，慚愧自己不能讓兒女受高等教育，不能使幼小兒女得到童年應有的歡樂。甚至自覺愧對國家、社會，愧對世間上的有緣人；能生起慚愧心的人，就會想要回報，就會成為富有的人。因為慚愧自己對不起他人，這種觀念本身就是另類的財富。

另外，像慈悲、明理，都是另類的財富，以及自己的道德、人格，在社會的名望、家庭的和諧等，也都是人生無價的另類財富。

目標

各位讀者，大家吉祥！

人活著，要有目標，目標就像人生的指南針，有目標才不會迷失方向，所以探險家先要為自己訂下目標，軍事家在戰場上也要有戰略的目標。甚至航海的人有航海的目標，經商的人有經商的目標；有目標就會不辭辛苦，就能不怕困難的朝著目標奮進。

在人生的旅途上，有多少人完成目標，但也有一些人「壯志未酬身先死，長使英雄淚滿襟」。沒有完成目標的人，悲涼的心情雖然值得同情，不過人生只要立志，朝著目標邁進，成功與否不一定要看得太重。再說，自己沒能完成的目標，還有後人繼續努力。人類就是靠著傳承，所謂「愚公移山」的精神，高山擋在眼前，我立定目標要鏟平此山，我無法完成，有兒子繼續，兒子不能，有孫子繼承。兒會生子，子又生孫，子子孫孫，孫孫子子，一代又一代，永遠接續不斷，高山的泥土不會增加，但我們日日工作，還怕道路沒有開通的一天嗎？所以人生要有目標。目標的重要，略述如下：

一、目標是奮鬥的動力：小學生立定目標，要做個偉大的工程師，他將來就可能是工程界的佼佼者；大學生立定目標，要遠渡重洋留學，可能要不了幾年，他就是國際名校裡的碩士、博士。佃農希望擁有屬於自己的幾畝田地，只要勤勞，就能達到當地主的目標；工人想要設廠開公司，只要他努力不懈，正正

派派奮鬥，當個總經理、董事長的目標，還怕沒有達成的一天嗎？

二、目標是合作的共識：目標也不一定要一個人獨力完成，所謂「眾擎易舉」，現在的時代都講究「集體創作」，如日本人開立「會社」，中國人則成立「公司」，只要大家志同道合，可以結合起來共同完成目標。有目標，參與的人就有共識，有共識，就能發揮團隊的力量，就能為共同的目標打拼。只要大家精誠合作，公平合理，就不怕不能達到目標。

三、目標是成功的捷徑：有目標就能避免走錯方向，浪費不必要的時間，所以目標清楚，目標明顯的人，容易成功。有的人前途沒有方向，沒有目標，盲衝瞎撞，甚至有的人目標不正確，奮鬥了幾年，才發現距離目標愈來愈遠。目標不怕大，不怕遠，但要衡量自己的能力，具備到達目標的實力，才能事半功倍。想要達成目標，尤其要有計畫、有進度、有預算；光有目標，沒有後援，也只是幻想、空想，所以人生要有目標，但要有確實的目標才好。

四、目標是人生的燈塔：船隻航行在海上，有燈塔的指引才能安全進港；行走在人生的旅途上，有正確的目標指引，才不致於迷失方向，誤入歧途。目標是前途的明燈，但是目標也要有志願做後盾。目標定在成為王侯將相，你的立志、動力能到達那個目標嗎？目標志在成為億萬富翁，你的資本、條件都能具備嗎？目標在於服務鄉里，你有恆心、願力去為大眾服務嗎？因此，定一個目標容易，到達目標所要付出的代價、辛勞，則是難以估計的。但是沒有目標，人生前途一片茫茫，何去何從？就像一個無祀孤魂，不知去向。所以有目標的人，前途才是光明的，有目標的人，才能活出向前、向上的人生。

四和

各位讀者，大家吉祥！

二〇〇八年佛光山春節平安燈法會，以「子德芬芳，眾緣和諧」為主題，希望從人們心靈的淨化與提升，進而帶來世界和平、社會和諧、人民和好、心靈和悅。

所謂「以和為貴」，能有和平、和諧、和好、和悅等四和，那麼世間就會更加富貴了。但是「和」並不是要大家「和稀泥」的混雜在一起，真正的「和」是和而不流、和而尊重、和而分工、和而融洽。

例如，一桌飯菜，不管酸甜苦辣，各種味道只要調和得宜就很好吃；一件衣服，管它紅黃藍白，各種顏色只要搭配協調就會好看。一團樂隊，不管中、西各種樂器合奏，只要音階和諧就很動聽；一支舞蹈，參與的舞者有的用手、有的用腳，儘管肢體語言不同，只要能表現一個主題，就是美麗。

釋迦牟尼佛創立佛教僧團，僧侶稱為「和合眾」，所謂「身和同住、口和無諍、意和同悅、戒和同遵、見和同解、利和同均」，因為「和」，才有僧團的存在。

六和當中，有的重視「理和」，有的重視「事和」，不管「理和」或「事和」，總之「和」才能同體共生，才能共同存在。「和」的重要，僅就「四和」略述如下：

一、世界要和平：世界上，國與國戰爭，種族與種族戰爭，甚至宗教、經濟，都有宗教、經濟的戰爭。戰爭不但摧毀建設、破壞文明、斬斷歷史，尤其生靈塗炭，更是人類的浩劫。世界就因為有不少野心家，不顧生命的寶貴、文化的重要，發動一場場的戰爭，大傷世界的元氣，這些損傷世界的劊子手，就是和平的破壞者。

二、社會要和諧：大陸中共總書記胡錦濤先生，倡導「和諧社會」，這是一句震撼五千年文化的名言。因為中國眾多的人口，不斷產生紛爭，讓社會各階層飽受苦難。假如現在能倡導社會和諧，這就是中國人的覺醒。唯有社會和諧，士農工商相互尊重，相互幫助，相互提攜，相互動員。尤其各種族、各宗教，不分男女老少，所有中國人民一致起來，向歡喜快樂的世界挺進，向五湖四海邁進。過去孫中山先生倡導「以平等待我之民族」，今後我們要以「和諧」來和世界交流。

三、人民要和好：每一個國家，都是「以民立國」，人民和好，社會才能和諧，國家才能強盛。人民不和好，都是由於教育不夠；人

民要和好，必得加強道德教育，提昇宗教信仰。人與人之間，懂得對同胞朋友要尊重，對社會國家要奉獻，大家友愛、互信，好像一個大家庭，所有份子要共創美好的和樂家庭。

四、心靈要和悅：講到世界和平、社會和諧、人民和好，最重要的，需要心靈和悅。人是世界的主人，心是人的主宰，我們心靈的主人要能清淨、真誠、坦白，什麼東西都能與大家分享。世界不是一個人的，世界是共有的，我們心靈裡能擁有他人、擁有社會、擁有佛法，如《法華經》說：「佛法在恭敬中求」，我們心存恭敬，心靈和悅，還怕世界不能和平，不能得救嗎？

光

各位讀者，大家吉祥！

光，是可貴的，光，是人人喜愛的。舉凡日光、月光、燈光等，凡是能發光的東西，都給人歡喜。但是，也有的光讓人害怕、排斥。例如，有的人隱居山林，他不喜歡「曝光」；商山四皓、伯夷叔齊，就是此中代表。

另外，世間上怕「見光」的事還有很多，例如：

一、隱私最怕曝光：現在的社會，流行八卦，讓人幾乎完全失去隱私權。英國的黛安娜王妃，不就是怕戀情曝光，而被狗仔隊逼得車毀人亡的嗎？

二、違法最怕見光：社會上，一些違規犯法的人，總是躲躲藏藏，流浪在世界各地。「有錢老爹」王又曾先生，他擁有的財富，即使活個二百年，也吃喝不完，但他為了貪欲，竟至名譽掃地，不敢見光。

三、錢財最怕花光：擁有錢財，不在乎多少，而在於會用不會用！會用錢的人，儲蓄不多，也能一家溫飽；錢財再多的人，大起大落，今日貴族，不要多時，流落街頭，也是時有所見。所以，金錢最怕花光，再有錢的人，如果不懂節儉用度，錢財花光之後，日子難過。

四、福氣最怕用光：福氣就如銀行裡的存

款，銀行的存款有一定的數字供我們支出，一旦透支，那就不是福氣，而是穢氣了。人在世間行事，每天要想：結緣培福就如銀行裡的存款，如果一再支領，萬貫家財也禁不起無底的日用。所以吾人的福氣來之不易，不要把它用光。

五、視力最怕散光：眼睛是人的靈魂之窗，無論看什麼東西，都要靠「視力」。看人，對方好壞，要看你的視力；看地，是不是吉地，也要看你的眼光、視力。平時看書、看報、看公文、看信件，無論看什麼，都要視力。視力不好，近視眼有眼鏡可以補助，老花眼也有老花的眼鏡；如果眼睛病變，視網膜剝離，眼內出血，散光不能聚焦，這

也是很不幸的事。

六、零食最怕吃光：零食吃光，對一個不好吃零嘴的人來說，不是大事，但是對一個好吃之徒而言，沒有零食，日子不好過。其實，不但零食不能吃光，就是日用儲糧，也不能任意糟蹋，把他吃光、用光。所謂「有日當思無日時」，什麼都吃光，什麼都用光，什麼都散光，等於一個人，全身脫光，怎麼見人？被人稱為窮光蛋，又怎麼能在社會上立足呢？

光，是可愛的，但也是可怕的，如上所述諸事，就是怕一個「光」字。但是，人有自信，奮發自強，就能讓自己「發光」；能運用智慧、思想，自我也能「開光」；自己努力向上，做出一番成就，不但自己成功，也能讓他人「沾光」。所以，做人最好能像太陽，自己能發光，而不是像電池，把光用盡就不容易放光了。

共識

各位讀者，大家吉祥！

人要有共同的認識，才能共事，才能共同生活，才能和諧相處。對政治有共同的認識，就能組黨；對合夥經營有共同的認識，才能順利發展事業。世界上很多不同的人，因為彼此沒有共識，所以產生很多紛爭，甚至有的夫妻，只為了擠牙膏的方式不同，雙方共識不夠，因此鬧上法庭，最後以離婚收場。共識的重要，略論如下：

一、談判要有雙贏的共識：最好的談判，不能只想到自己的利益，一定要對方吃虧，這種談判是不公平，也難以有圓滿的結果。最好的談判，彼此站在平等的立場，公平對待，相互尊重，相互讓步，

能有「雙贏」的共識，才有「皆大歡喜」的結果。

二、朋友要有謙讓的共識：交朋友，不要一直突顯自己的強勢，自己是老大，別人都要做老二；好朋友，彼此要包容，要互助，要尊重、謙讓。真正要好的朋友，不會希望自己贏過對方，反而願意自己吃一點小虧，讓朋友多得一點好處，如此才能增進友誼。如果慳貪吝嗇，難以交到好朋友；肯謙讓吃虧，才能交到知心的朋友。

三、夫妻要有體諒的共識：夫妻相處，彼此要你愛我、我愛你，你讓我、我讓你，凡事要互信互諒，互尊互重，互敬互愛；如果不懂得互相體諒，為了一點小事就斤斤計較，必定爭吵不斷，怎麼能增進感情呢？所以夫妻要互相體諒，互相關懷，甚至能有「對方第一，自己第二」的觀念，才是夫妻相處之道。

四、家人要有互助的共識：同為一家人，上一代的長輩、中一代的父母叔伯，下一代的子女兒孫，如果生活在一個屋簷下，大家只知營取私利，沒有互助的共識，這個家庭必然難以和諧幸福。一個家庭裡，每一個分子都是營造幸福家庭的重要支柱，彼此都願意把利益分享全家，才能和樂共處，否則終究會走上分家之途。

五、信仰要有包容的共識：世間上，很多的學術不同、思想不同、主義不同、宗教不同；對於各種不同，要有包容的雅量。尤其宗教界，多少神父、牧師、法師，多少法規、戒條、教義，你跟對方的信仰不同，如果沒有包容的心量，則對不同的宗教，就會有排他性，

「排他」怎麼能和諧，怎麼能友好呢？我一生倡導「融和」，希望各種不同之間，都能「異中求同，同中存異」。我覺得宗教沒有什麼不能共同相處的理由，不能包容別人，這是人類的劣根性。宗教徒應該是社會的模範生，不能和一般人一樣，心胸狹窄的為了信仰不同而製造宗教之間的矛盾，這就辜負了人間善美的好意。

六、世界要有一家的共識：經常聽到有人倡議「世界和平」，世界上有這麼多的國家、種族、文化等不同，怎麼能和平呢？世界要想往和平的路上起步，必須要有「世界一家」、「同體共生」的觀念。現在世界人類已有「地球村」的認知，希望未來能進一步有「天下一家」的共識；既是一家人，大家如父如母、如兄如弟，如此怎麼會不能和平呢？

總之，人間的和諧，要靠人類的共識，才能有以致之。

回頭

各位讀者，大家吉祥！

我們的世界，有前面的半個世界；我們的後面，還有另外半個世界，叫做「回頭」的世界。前面的半個世界，人人爭取，已經成為人生的「窄門」；不過，只要懂得「回頭」，後面的世界寬廣無限，可惜甚少有人注意。

今將「回頭」的妙處，略述如下：

一、回頭重新考慮：人生一直往前進，碰到牆壁，遇到阻礙，怎麼辦呢？假如回頭，可以重新考慮，何去何從？現在的高速公路，四通八達，這一條路走不通，可以換另一條路走，未嘗不好！

二、回頭從長計議：回頭以後，不是心灰意冷，而是應該從長計議，重新訂定目標，重新策畫方針，重新鼓起勇氣，重新邁開腳步。人有回頭的機會，不是絕望；人的回頭，可以說更有希望，更有機會重新再來。

三、回頭另有世界：前面的世界，湖光山色，高樓大廈；回頭的世界，另有天空，一樣可以創造高樓大廈，一樣可以欣賞湖光山色。有詩云：「手把青秧插滿田，低頭便見水中天；六根清淨方為道，退步原來是

向前。」退步不是沒有，退步就是回頭，回頭的世界，更寬、更廣、更大、更多。

四、回頭就是向前：語云：「進步那有退步高」，回頭就是轉換跑道。有的人在政治圈中奮鬥一生，最後被人民唾棄；假如轉換跑道，像美國前副總統高爾先生，在二〇〇〇年競選美國總統失利後，轉換跑道，從事環保的宣導，因而深受好評。世間凡事都有回頭的時候，就是火車走得再遠，總有盡頭，還是要回頭；輪船遠渡重洋，最後還是要返航入港。人生的跑道，就如田徑場上，有第一跑道、第二跑道、第三跑道……；你沒有那一條跑道，可以換另一條跑道，所謂「方便有多門，歸源無二路」。有的人從政治上轉換跑道，有的人從企業界轉換跑道，有的人從學術界轉換跑道，重新開始著書立作、公益服務、慈善福利等利濟群生的事，反而更有成就，所以回頭就是向前。

五、回頭始悟前非：有的青壯年的人生，只知向前衝鋒陷陣，為求自己的利益，為達自己的目標，不惜使用各種手腕，甚至踩在旁人的身上往上爬。一直到了中年以後，回頭一看來時路，猛然生起「今是昨非」的感慨，於是就像陶淵明先生一樣「不為五斗米折腰」。雖然回歸田園，人生少了名和利，也少了權勢的光環，但是品德、學問，就在回歸自然中增長了。

六、回頭才能登岸：佛教有一句話說：「回頭是岸」！確實不錯，一直往前的人生，所謂「苦海無邊」，功名利祿、酒色財氣，當中都蘊藏著多少的罪孽。假如懂得回頭，當下頓覺自在解脫，那就是登上人生快樂的彼岸了。所以說「苦海無邊，回頭是岸」；回頭，才能登岸。

卷二

快樂的來源

快樂，不在繁華熱鬧中，
而在內心的寧靜裡；
煩惱，不在謹言慎行中，
而在人我的是非裡。

——《佛光菜根譚》

享受

各位讀者，大家吉祥！

人生，每一個人都講究生活享受，享受聲色犬馬之樂，享受燈紅酒綠的陶醉。有的人把抽菸喝酒當作享受，有的人把擁有三妻四妾認為是享受。其實，人生再怎麼享受，良田萬頃，日食幾何？華屋千間，夜眠不過八尺，何必貪求太多？

雖然，世間上也有人以讀書寫作為享受，也有人以蒔花植草為享受。不過，多數人都在感官上追求享受，在衣食住行上追求享受，他們以為只有從外面尋

求刺激，才會感到享受。殊不知我們每個人本身就能享受自己先天所有，不須要靠外境來麻醉自己，只要自己從思想上、心理上認識自己，就能享受自我。茲將自我的享受略說如下：

一、享受雙手能動：我們每一個人都有一雙手，雙手萬能，只要雙手能動，就能享受雙手的成就。例如，雙手能煮出一餐美味的菜餚，能寫出一手好字，能畫盡天下的景物。雙手能繡花，能刻印，能搬東運西，能拿粗拿細；要什麼東西，雙手一找，什麼就來，雙手一指，什麼就去。懂得發揮雙手的功用，真是人生

奇妙的享受。

二、享受兩腳能走：人生不但能享受雙手的功能，還能享受雙腳可以走路。再遠的千里路，兩腳也能走達目標。兩腳能爬山，能賽跑，我們看奧林匹克的選手，一百公尺，五千公尺，乃至於馬拉松競賽等。雙腳能夠跑出世界冠軍，雙腳也能安步當車，別人有車馬，我有雙腳，要遊山玩水，要觀賞風景，自己的腳都會聽命，接受指揮，或東或西，或南或北。有雙腳為我們服務，還不感覺這是人生最大的幸福嗎？

三、享受耳朵能聽：手腳以外，耳朵能讓我們聽盡世間的好言好語，甚至享受美妙的音樂。有人喜歡

聽老歌，有人喜歡聽黃梅調，有人喜歡聽歌仔戲、西洋搖滾樂等，隨你喜歡聽什麼，都可以盡情聆聽。乃至聽人講故事，聽朋友訴說，聽家人說話，聽情人傾訴，這不都是人生最大的享受嗎？

四、享受眼睛能看：眼睛是靈魂之窗，人有雙眼，則五彩的人間任你觀賞。芸芸眾生，各種活動，各種建築、美景，甚至各地的美術館、博物館，隨你想要看什麼，無論古今中外，文物史蹟，天地日月，世間人事，都能盡收眼簾，人生還不夠享受嗎？

五、享受鼻子呼吸：人的身體，有了鼻子呼吸，才能生存。此外，鼻子能呼吸新鮮空氣，你覺得公園的空氣好，或是海邊的空氣清新，鼻子都能如願為你

服務。鼻子幫我們呼吸空氣，還能幫我們聞香知臭；芬芳的花香，法國的香水，不都是要透過鼻子來享受的嗎？

六、**享受口舌美味**：口舌不但能幫我們說話，吃飯時舌頭能辨別各種味道，要香要臭，要甜要鹹，舌頭都會告訴我們，讓我們充分享受飲食之美，做個有口福的人。

除了以上的享受，我們身體上還有其他的官能，例如，皮膚能感受細滑、柔軟、舒適的觸覺；骨頭能幫我們挺住身體，昂首闊步；腸胃能幫我們消化食物，增強體力，甚至毛孔都能自由收縮，以和外界交道。只是這許多的享受，要靠人的自我觀照，自我知足，如果不自我尊重，天天幻想別人來給我們享受，別人是別人的擁有，終究不是我的。我的雙手，我的雙腳，乃至我的眼、耳、鼻、舌等，這些才是我的，我應該好好的知足應用。

承諾

各位讀者，大家吉祥！

承諾是人與人之間最美好的關係。家庭裡，兒女對父母要表達一些承諾，甚至父母對兒女也要信守承諾。社會上，朋友之間彼此都要重視承諾，承諾是一種信用，一句承諾比契約還要管用。

所謂「承諾」，就是「君子一言既出，駟馬難追」。古代宮廷裡，有謂「君無戲言」，可見君王的承諾也是不容打折扣的。

有一位先生上街，想要買一件衣服送給太太。在東街的商店問好價錢，一件兩百五十元。但是因為另有他物要買，就跟商家說好等一下再來買。那知走到西街，看到同樣的貨色，只賣兩百元。但是想到已經跟東街的商家承諾要買，所以寧可多花五十元，也不肯喪失信用。

古人對承諾就是如此堅定不移，但看今日社會，很多人信誓旦旦許下的承諾，才過沒幾天，他又更換了主張。朝令夕改，朝三暮四，你說這樣的社會能有什麼安定的力量呢？

我承諾過他的父母，對他的子女要好好教育！我承諾過隔壁鄰居，要把牆那邊的地歸他所有！我曾經說過下一任的會長，要讓他擔任！這件東西，我已承諾過要送給張姓朋友！如果一個人能從生活中信守自己的承諾，整個社會，只要一句承諾，就是法律，只要一句承諾，就是契約，只要一句承諾，就代表一個人的人格，則這個社會必然呈現欣欣向榮的氣象。

關於「承諾」，提供四點看法如下：

一、承諾是自我的誓願：雖然沒有別人強迫我承諾什麼，但是出自我口，動之我心，我就應該為承諾努力，讓他兌現。我向人借貸，絕對不會逾期不還；我說過把某樣東西割愛於人，絕對不會食言。我許下的諾言，我承諾過的事，即使後來變化，也要不計辛苦的完成他，因為承諾代表我自己的誓願，我要一生信守他。

二、承諾是家教的寶訓：人從呱呱墜地，父母都教我們要說話算話。長輩

們諄諄教誨，種種誘導，教我們要守信守諾，一旦許了諾言，就要實踐，不可輕信寡諾。一個不信守承諾的人，和人交往，一、二次之後，被人識破，整個人格都會因此破產。一個人貧窮，有其時機因緣；承諾應該是自己的人格，長輩們不一定遺留給我們多少田地房產，但是他教我們信守承諾的格言，就是最好的寶訓。

三、**承諾是朋友的託付**：在我們的朋友當中，偶而總會有人託付我們一些大小事情。例如，順便帶一封信給遠方的朋友，或是把一件東西帶給某人；既已承諾，即使颳風下雪，都要設法完成任務，維持信用。尤其兵荒馬亂時，戰場上戰友的一句託付，移民異國的鄉親一件交待，既已承諾，就不能辜負所託，這不但關乎他人的利益，也是自己的道義。

四、承諾是社會的責任：承諾他人的託付，不但是人與人之間的交誼，也是對整個社會應負的責任。因為社會是由眾人所組成，彼此之間有密切的關係。如果人人都能「視人如己」，都能本諸應盡的責任，負起所託，如此才能建立一個可愛的社會。反之，對朋友的託付輕忽而不重視，把別人的託付「視如敝屣」，不能負起社會所付託的責任，如此不能守諾，不能擔當，則人道有虧，又如何立足於社會呢？

承諾要從上而下，才有影響力。一個國家的領導人，舉凡施政、發言，都要如實的兌現，才能取信於人。如此上行下效，一旦社會大眾都能重然諾，把承諾蔚為風氣，讓人與人之間不但好禮，而且守信、守義；一個重視道德的社會人生，還怕不能做為世界的模範嗎？

克服

各位讀者，大家吉祥！

人生在世，從小到大不可能凡事一帆風順，所謂「人生不如意事，十之八九」，必須要經過學習、奮鬥，尤其要克服種種的困難，才能成功，例如貧窮就是需要克服的困難之一。有的人沒有顯赫的家世背景，沒有雄厚的財力為後盾，加上沒有高學歷；有的人甚至先天智能不足，或是身體殘障等，都是需要克服的困難。能夠克服種種困難，前途自然光明順利；反之，如果因為沒有高學歷，或是沒有豐富的經歷，乃至因為家境窮困就被打倒的人，注定一事無成。因此，人生要想有所成就，必須克服各種困境與障礙，包括：

一、克服欲望：欲望本來是人生奮鬥成功的動力，但是一個人的欲望超過了現實，甚至只是虛妄幻想，自己不去勤勞辛苦，只希望僥倖獲得《今古奇觀》裡「百寶箱」中所有的財富，這無異癡人說夢話，絕對不可能實現。

二、克服膽怯：有的人生性保守，甚至心性膽怯，不肯走出去，不肯融入社會，不與人互動往來，如此必然喪失很多機會，最後世界都是別人的。所以一個人要想成功，必須克服膽怯，甚至還要能夠勇於承擔，你能挑多重的擔子，只要你敢，一切都是你的。

三、克服憂慮：人的天性裡，難免潛藏著一些負面的因子，例如恐懼、不安、憂傷、疑慮、罣礙等。不管精神上的、心理上的，有了這些不好的種子，都是成功的障礙；

靠別人幫忙去除，希望渺茫，唯有靠自己勇敢、正直，能有「國家興亡，匹夫有責」的承擔，凡是好事，都有「捨我其誰」的勇氣，則何患不能成功。

四、克服惡習：有一些人從小就有許多陋習，例如懶惰、說謊、傲慢、偏激等，假如生活裡再染上菸癮、好賭、酗酒等惡習，整天吃喝玩樂，游手好閒，不務正業，則注定潦倒一生。有了惡習，要想改正，雖然並不容易，但是陋習不是天生的，只要有心，改變惡習，必能成功。

五、克服衝突：這個世間，只要有兩個人在一起，兩個人就會產生衝突，十個人居住的村莊，十個人就會有衝突。舉世之中，幾乎沒有不衝突的地方，勞動階層和資本家的衝突，貧苦的農民和一些大地主的衝突，文人和武將的衝突，甚至相同行業的人也會有「同行相

輕」的衝突。

衝突好像是人類的劣根性，其實我們看動物的世界裡，羚羊和羚羊的衝突，野牛和野牛的衝突，猩猩和猩猩的衝突，尤其貓鼠更以衝突為本性。衝突不能克服，人間就難以平和。

六、克服不便：有一些人出生之後，手腳殘障、眼瞎耳聾，先天上的身體缺陷，造成種種不便。有的人無法克服生理的障礙，只有仰賴別人度其一生；但也有的人身殘心不殘，不但克服身體的不便，甚至奮發有為，反而創造另一番輝煌的成就。例如，又盲又聾又啞的海倫凱勒，成為偉大的教育家；天生沒有手腳的乙武洋匡，成為全球知名的作家。他們的故事足以說明，世間沒有克服不了的困難，只要有心，所謂「有志者事竟成」，重要的是要能克服心理的陰影，如此則何患無成。

快樂的來源

各位讀者，大家吉祥！

人到世間上來，莫不是為了追求快樂，莫不希望能遠離痛苦。但是快樂如何擁有呢？

一、快樂來自家居和諧：一個家庭裡，每個分子都應該為家庭的和諧貢獻，不能自私、執著、計較，造成家庭的紛爭，使家居不快樂。如果有人每天只想外出散心、郊遊，把家庭視如牢獄、冰窖，甚至本來是親人骨肉，卻當成仇人相聚，這樣的家庭生活如何會快樂呢？可見家人的快樂，來自家庭的和諧；家庭的和諧，要靠每個家庭分子的共同創造！

二、快樂來自天然環境：居家在山邊，可以在山居小路散步，居家在水邊，可以在河川堤岸休閒。家居邊上有公園、有市場，散步、購物當然都能稱心如意；假如居家在人煙稠密的大樓，出門舉步艱難，或是住在偏僻陋巷，進出都感不便，當然就會心浮氣躁。古代孟母所以要三遷，現代的富貴人士所以要找風水寶地，就是因為環境會影響人的心情，環境對於吾人的快樂與否，至關重要。

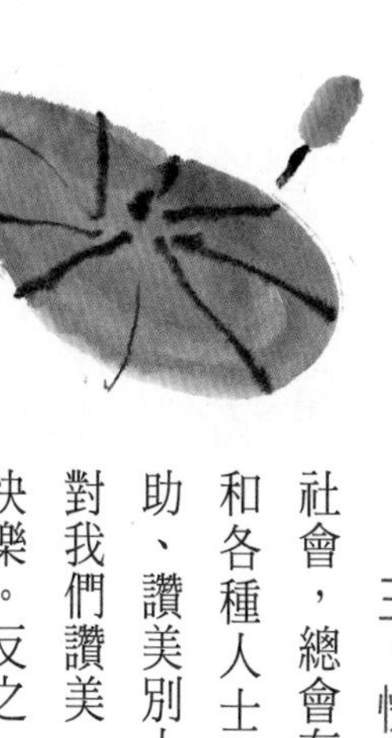

三、快樂來自人際關係：一個人處身在今日社會，總會有許多朋友。平時參與各種社交活動，和各種人士互動往來，假如自己會做人，經常幫助、讚美別人，則「敬人者人恆敬之」，別人也會對我們讚美、幫助，人際互動融洽，當然就會感到快樂。反之，有的人處事不夠圓融，經常嫌這個不好，怪那個不是，自己沒有培養好因好緣，自然不會獲得友誼，甚至難堪煩惱一大堆，人生怎麼會快樂呢？

四、快樂來自心胸寬廣：一個人心胸寬廣，能包容一些不同的人事意見，不會斤斤計較於人我之間的是非得失，當然就會感到人生樂趣無窮。假如心胸狹窄，一件事也要計較，一句話也要計較，一個人都要計較、執著，則快樂難以產生。有時候別人有心想把快樂帶給你，由於你心胸不夠寬廣，沒有容納的空間，快樂也會自然遠離。

五、快樂來自慈悲喜捨：我們希望別人給我們快樂，必先自己帶給別人快樂。如果你不播種快樂的因，不結快樂的緣，那裡有快樂的

花果呢？佛法裡的「四無量心」，慈悲喜捨，慈悲沒有敵人，喜捨必能獲得人緣；自己擁有慈悲喜捨的法寶，則生活中自然會感到快樂無窮。

六、快樂來自自己內心：是快樂、是煩惱？要靠我們內心去製造。你不善經營內心的工廠，只想偷工減料，只想蒙混得利，必定為自己帶來痛苦的結果。假如能將內心的產品改良，給別人一些利益，多為別人著想，快樂自然就會從心裡源源不斷而來。就像流水：「問渠那得清如許？為有源頭活水來。」宋朝大儒朱熹的高論，確實值得參考。

低調才好

各位讀者，大家吉祥！

「做人要低姿態，做事要高水準」。做事要有一定的水準，這是不容疑義的事，但是做事有時候要高調，要誇大宣傳，要找人捧場，而且愈多愈好，愈大愈好；有時候則要低調才好，只宜做了不說，只宜簡單從事，只宜功成不居，因為懂得低調，才容易達到目標。

世間上有些什麼事應該低調才好呢？

一、說話要低調，不要太高昂：唱歌，曲調不能太高，才容易唱得上去；講話，音調不能太高，才能和氣的跟人溝通。尤其身份地位不高的人，講話太高昂，就是不懂自己的身分，容易遭來麻煩。懂得低調說話，才能平安無事。

二、作事要低調，不要太張揚：說話固然要低調才好，做事更要低調，不要以為自己做了一件好事，就得意的到處宣傳，可能很快就招來別人的嫉妒、批評。你開了一家工廠，不要以為張揚是好事，張揚就不能成事，所謂「樹大招風，名大招忌」，你事先張揚，往往壞事而不能成事。所以做事不能太張揚，還是低調一點好。

三、財勢要低調，不要太誇張：過去的人有錢唯恐別人不知，因為有錢代表自己的社會地位高，人人羨慕；現在的人有錢，擔心別人借貸，或者要你投資、入股，甚至害怕壞人覬覦，所以愈是有財有勢的人，愈要低調才好。現代人不但有「人為財死」者，甚至因為「財多而死」的，也比比皆是。

四、報告要低調，不要太自讚：現在的工商各界，都講究績效，所有從事工作者，幾乎每天都要向主管報告，甚至一天不只報告一次、二次，而要多次報告，才能讓主管放心，贏得主管的欣賞。報告雖然不需要太自謙，但也不能太誇張，不能太自我讚歎，讓主管覺得你自我宣傳，自我標榜，反而適得其反，讓主管因此對你心生防範，所以報告要中道才好。

五、生氣要低調，不要太遷怒：人難免有脾氣，不只暴躁的人脾氣很大，修養高的人也難免會有發脾氣的時候。死灰堆裡，還可能爆出火花，何況一個活生生的人。一次受到傷害，可以忍耐，二次受到傷害，可能不計較，三次受到傷害，也許還可以原諒；但是如果受的冤枉、委屈多了，就難免不會生氣。有的人生氣，怪你怪他，有的人生氣，摔碗摜盤子；因為生氣而遷怒其他，這是很不好的習慣。再說，生氣能解決問題嗎？如果生氣就能解決問題，不要緊，只要就事論事，不要遷怒。但是一般人往往都是妻子受了丈夫的責罵，馬上拿兒子出氣；哥哥受了朋友的冤枉，拳頭就落在弟弟身上。這種遷怒，只會讓更多人受傷害，所以生氣要慢半拍，要低調處理，不要遷怒別人，才不會讓事態擴大。

六、升遷要低調，不要太招搖：不管任何行業，有同事升遷了，都是值得慶賀的事，所謂「水往低處流，人往高處爬」，那個人不希望升遷呢？但是升遷的人不能太招搖，以免引起別人的嫉妒。最好愈是升遷，愈要低調；你低調、謙虛，沒有升遷的人心裡也會舒服一些，喜歡你升遷的人，因為你低調，他會覺得你崇高偉大，愈會對你讚揚、敬佩。現代人講究「分享大眾」，你升遷時，更不可以獨居功勞，能把貢獻、光榮歸於團體，把成就歸於所有同事大眾，才是平安之道。

成就

各位讀者，大家吉祥！

吾人讀書做人、成家立業，無不希望有所成就。但是成就不是「憑空想像」，也不是「不勞而獲」，成就要有成就的條件。茲將成就的條件，略說如下：

一、知識的養成要靠讀書：人都希望自己有知識，有知識才能找到好職業，有知識才有見解、思想，對於時事才懂得分析、評判。知識是一個人的教養，有知識的人，容易受人尊敬；沒有知識，為人所輕視。一個人的策畫、管理，都要有知識。但是知識不是憑空掉下來的，知識雖然可以從生活作務裡探求，但也要靠讀書來累積、養成。

所謂「十年寒窗」，多年的苦讀，放洋留學，甚至還要打工賺取學費；雖然歷經種種的奮鬥辛苦，但是只要我們能夠「吃得苦中苦」，最後終能「成為人上人」。

二、做人的成功要靠教養：常聽人說「做人難，人難做，難做人」，確實不錯，做人不但要四面玲瓏，還要八方周到。做人不是只顧著自己的富貴、權利，還要懂得怎樣分享他

人；「眼中有人」，才能「把人做好」。「把人做好」，這是一輩子的學問，但是做人成功，有一個不變的原則，要靠教養；用教育來養成自己，用教育來自覺，用教育來改造，做人才能庶幾有成功的希望。

三、花朵的開放要靠和風：園子裡的玫瑰花開了，牡丹花開了，桂花開了，但是你要知道，所謂「花開」，它需要有和風的吹拂。就算你是一朵花，不過你的和風在那裡呢？沒有和風，花兒不能開放，甚至和風變成強風，花兒反而因此零落凋謝。所以，適當的外緣幫助，固然對自己有利；過分的依賴他人，也是不成。

四、航海的安全要靠羅盤：一葉扁舟，航行在茫茫大海上，要到達千里以外的目標，一路上能夠航行順利，不致於迷失航線，一定要靠羅盤的指引。在人生的大海裡，我們的羅盤在那裡呢？假如我們心中有人生的羅盤，在茫茫的人海裡，才能不致迷失自己。

五、戰場的勝利要靠謀略：一場戰爭勝敗，不完全靠人數多寡，也不完全看武器的優劣，最主要的是看他的主將和參謀人員的謀略。諸葛亮的「草船借箭」，張翼德的「義釋嚴顏」，謝安的「背水一戰」，張良的「吹蕭散楚」，這不都是致勝的謀略嗎？所以有好的謀略，才有致勝的機會。

六、事業的發展要靠因緣：人人都希望事業有成，但是你有因緣嗎？資金充裕就是你的因緣，投資正確就是你的因緣，市場開拓就是你的因緣，宣傳得法就是你的因緣，人事和諧就是你的因緣。你的因緣具備了，還怕事業無成嗎？世間上有一些人創業失敗，原因固然很多，總結一句，就是因緣不具，所以培養因緣，是人生成功的最大祕訣。

決心

各位讀者，大家吉祥！

一個人不管讀書、做事，有沒有「決心」，關係著未來的「成就」。凡事猶豫，不能立志向前的人，一生難有大作為、大成就，因為決心是一個人向前、向上、向遠處發展的動力。古人十載寒窗，像匡衡的「鑿壁偷光」，像蘇秦的「懸梁刺股」，像祖逖的「聞雞起舞」，像王羲之的「缸水作墨」，他們下定決心，立志發奮，成就當然不一樣。茲將「決心」的重要，略述如下：

一、有決心就有目標：世間上的事業，都要訂下目標，才能一步一步向前邁進。你要學文，不能寫壞幾百支筆墨，無法通達為文寫作

的妙處；你要學武，沒有每天花上數小時揮拳弄棒，怎麼會有武功呢？登高山，必定要一步一步的往上爬，才能到達目標，就是做裁縫，也要一針一線的縫製，才能完成目標。目標是我們前進的標竿，你要帶著勤奮的精神、不灰心的毅力，所謂「世間無難事，只怕有心人」，目標再遠、再難，抵不過立志的人，只要你是有心人，終能到達目標。

二、有決心就有力量：立定目標以後，不是空口說白話就能到達，必須付出相當的辛勞，相當的代價，尤其要有相當的決心，才有力量到達目標。力量來自決心，例如一百里的路程，才走三十里就沒有力量了。這時如果有決心，鼓起勇氣，發揮力量，也許就可以再走三十里。因此，一個人在力量不繼的時候，應該鼓起更大的決心，立下「若不成功誓不回，不達目的誓不休」的誓願，只要你繼續勇往向前，可能「柳暗花明又一村」，光明的前景就在前面等待著你。你有行走一百里的決心，後面就會有再走百里的力量；能有再走百里的力量，只要繼續努力，必然百里、千里都在腳下。

三、有決心就能勇敢：決心是一個人成功、失敗的關鍵所在，沒有決心，事剛開始，就已洩氣，有決心的人，才會勇敢。哥倫布如果沒有勇氣，怎麼能發現新大陸？成吉思汗如果沒有勇氣，憑他一個草原上的馬夫，怎麼能橫掃歐洲？花木蘭一介女流，女扮男裝，代父從軍，十二年軍旅，屢建戰功，最後光榮返鄉，可見其勇敢的力量。從小罹患小兒痲痺症的羅斯福、出生窮苦之家的林肯，憑著他們的勇敢，就能當上美國總統。有決心、勇敢的人，不管什麼艱難困苦，只要有意義，有理想，雖千萬人，吾往矣！

四、有決心就能成功：有決心的人，不會朝秦暮楚，不會朝三暮四；有決心的人，總是鍥而不捨，進而不餒。孫中山先生革命，經過十次的失敗，總能勝利；蔣介石八年抗戰，終能戰勝日本；毛澤東憑著三十年的戰鬥經驗，利用「以鄉村包圍城市」的戰略，終於打敗蔣介石。試問天下的英雄好漢，各種專家，那一個不是下定決心，經過數十年的努力奮鬥，才能所願成就的呢？

總之，世上沒有唾手可得的成功，也沒有從天而降的功成名就，都要靠決心。所謂「決心」，要靠「發心」，佛教的發心「地獄不空，誓不成佛；眾生度盡，方證菩提。」只要發大心、立大願，有了決心，成就不為難也。

和而不流

各位讀者，大家吉祥！

佛教的初果阿羅漢又名為「預流果」、「逆流果」、「入流果」，意思是說，修行到某一個階段「預入聖人之流」，或是「逆生死之流而順聖道之流」，或者是「和合聖人之流，不合世俗之流」。所以，做人應該有「和而不流」的觀念。

什麼是「和而不流」呢？例如：

一、**加入政黨，就不必再屬某某派系**：現在世界上的國家，都有很多的政黨，甚至在同一個政黨裡，又有很多的派系不同。這就像一個人的身體，眼耳鼻舌身互相不合流。在一個國家，不管執政黨也

好，在野黨也好，如果黨內一直為派系搞紛爭，這對國家或是政黨而言，都非福氣。所以，任何國家的任何黨派，所有黨員可以有不同的意見，但彼此要和衷共濟，這是第一重要的「和而不流」。

二、參加工商團體，就不必太分人我：

社會上，工人要努力「增產報國」，商人要確保「貨暢其流」，農夫要不斷「改良品種」；一個國家的每一個份子，不管士農工商，在國家的大團體裡，都應該為國為民，各司其職，彼此分工合作。就像在學校執教的老師，術有分科，業有專精；又如醫院裡的醫生，雖然分有內科、外科、眼耳鼻喉科、腸胃科等，但有時也需要會診，這就是和而不流。

三、作佛教信徒，不是某人某寺之徒：人要有宗教信仰，信仰佛教者，應該要「依法不依人」，大家都是信仰同一個教主釋迦牟尼佛，都是信仰同樣的三法印、四聖諦、八正道，大家都是三寶佛弟子，不該再作某寺之徒、某人之徒。所以，佛教徒彼此應該要和諧、和好、和合，大家可以共同修學、共同研究、共同入道，但是對世間上的人我是非，應該和而不流。

四、同心救國救民，何必分某行某業：在社會的各行各業中，不管你從事什麼職業，政治

家、軍事家、教育家、經濟家等，只要發心為國為民，在國家的旗幟之下，愛國不落人後，救人不遑退讓，大家只要各盡其力，各盡其能就好，彼此不要計較你貢獻多少，我付出多少。就像溪湖支流，流入大海，同其一味，所以不論參加黨派也好，從事職業也好，信仰宗教也好，儘管身分有再多的不同，在救國救民的前提之下，應該和而不流。

人，應該有所為、有所不為。「和而不流」就是我和國家只有一個，應該和而不再分裂；我的信仰也只有一個，應該和而不再分歧；我的家族，也是一脈相承，都應該和而不再分流。

拙

各位讀者，大家吉祥！

拙，是笨拙的意思，一個人不聰明，動作遲鈍，反應慢半拍，就會被人譏為「笨拙」。但也有的人，故意表示自己笨拙，所以老人家自稱「老拙」，高僧大德自稱「拙僧」，以「拙」自得，以「拙」自謙。

拙，其實是一種深藏不露的智慧，所謂「大巧若拙」。

「拙」之意，略述如下：

一、大智若愚是拙：有的人深懂處世哲學，知道不該出頭的時候不能強出頭，不該顯露鋒芒的時候不要鋒芒畢露。平時總是表現出愚

笨的樣子，其實他冷眼旁觀、分析局勢的變化，必要的時候，總能一語點醒夢中人，這種人就是「大智若愚」。

二、難得糊塗是拙：鄭板橋先生一生為官，在官場久了，自有一番心得，所謂「聰明難，糊塗難，由聰明而轉入糊塗更難。放一著進一步，當下心安，非圖後來福報已。」他曾以「難得糊塗」四個字，

賣給有錢士紳三十兩白銀。其實，「難得糊塗」何止價值三十兩銀子，能懂得此中之妙的話，可說一生受用無窮。

三、裝聾作啞是拙：有一次，六祖惠能大師集合大眾，宣布說：「吾有一物，無頭無尾，無名無字，無背無面，諸人還識得否？」神會禪師在大眾中，即刻站起來回答說：

「這個我知道，是諸佛的本源，是神會的佛性。」

六祖聽了以後，很不高興的呵斥他：「跟你說

過，無名無字，你偏要喚做本源，偏要喚做佛性，你就是將來有出息，也是個知解宗徒，也只是個知識分子！」所以，有時候裝聾作啞不但不是拙，而是比語言更高的智慧。

四、**以退為進是拙**：有的人，利益當前，明明可以搶占，他偏偏放棄，明明可以高升，他偏是後退。有人以為他放棄機會，放棄成就，太愚笨了。其實他深知「進步那有退步高」，所以一點也不笨。

五、**守正不阿是拙**：有的人守正不阿，為此而吃虧上當，有人認為划不來。實際上，看起來是吃虧上當，事實上守正不阿的人，他的人格、尊嚴、操守，早已超越智愚之外。

六、**呆若木雞是拙**：有一位鬥雞師名叫紀渻子，訓練鬥雞遠近聞名，他接受周宣王之託，訓練一隻勇猛無比的鬥雞。數十日後宣王催問結果，紀回答道：「還不行，此雞生性自狂自傲，只會虛張聲勢，其實遇到強者，不堪一擊！」宣王等了多日，再問如何？紀渻子回答道：「還是不行，因為此雞沉著不夠，牠一聽到其他雞叫就會衝動，擺開架勢，還不是大將之風！」又過多日，宣王再催，紀渻子回答道：「大王！現在仍不行，因為此雞一接近他雞，就會氣昂昂雄糾糾，像如此不能沉著的匹夫之勇，還不是最好的鬥雞。」最後，宣王失望，不再催問。一日，紀渻子主動向周宣王報告：「大王！你要我訓練鬥雞，現在任務已完成。因為此雞現在聽到他雞啼叫，恍如不聞，見到他雞跳躍，恍如不見，簡直就像一隻木頭雞，氣定神閒，從容安詳，已是全能全德。只要其他鬥雞一見到牠，就會落荒而逃，不戰而勝，這才算真正的鬥雞。」所以，「呆若木雞」非拙也。

唐宋八大家之一的蘇東坡曾經慨歎：「人皆養子望聰明，我被聰明誤一生。」可見有時候「拙」一點，人生比較平安、順利。

抱怨

各位讀者，大家吉祥！

人有抱怨的習慣，卻不知道這個習慣會給自己帶來許多的麻煩。夫妻相互抱怨，能永久恩愛嗎？兒女對父母抱怨，父母會甘心情願愛這個抱怨的兒女嗎？下屬對上司抱怨，主管會欣賞經常抱怨的部下嗎？朋友之間，動不動就抱怨對方不好，朋友會願意長期跟你論交嗎？過去的帝王，對於抱怨的臣子不但冷落以對，甚至還可能遭來殺身之禍。抱怨之害，尤有甚者，列舉如下：

一、抱怨是喪志之始：人一旦心中滿懷怨恨，所謂「怨天尤人」，總覺得世間不公不平，覺得自己受了委屈，覺得天下人都對不起自己，這就是人生危險的訊號。因為你對社會的熱情不夠，對人生的際遇認識不清，對自己的付出心有不甘，對自己的獲得有所不滿，因此忿忿不平，懷憂喪志，人生從此一蹶不振。其實，這個社會必定先要有所付出，才能贏得相對的收入；你只是抱怨付出，怎麼會有好的結果呢？

二、抱怨是結仇之源：抱怨絕對不能獲得歡喜，你抱怨人家一分，別人回給你的可能是加倍的排斥。合夥人本來是共同打拚，但你抱怨對方不足、不力、不夠，難道對方就會滿意你、欽佩你嗎？因為你的抱怨，只有結仇、懷恨，導致分家。兩人交往，總覺得我付給你的多，你還給我的少，不覺就口有怨言，心有怨恨；心有怨恨會形之於色，口有怨言會傳入對方耳中。語云「敬人者，人恆敬之」，相同的，怨人者，人恆怨之，從情理上說，你抱怨別人，別人怎麼會不抱怨你呢？因此，一旦到了惡緣的因果循環，在國家都可以兩國斷交，在團體都可以互不往來，在朋友怎麼可能有更好的結果呢？「管鮑之交」就因為鮑叔牙不介意管仲，在錢財、事業上，沒有半句怨言，所以兩人才能相知相惜，才會有好的結果。

三、**抱怨是敗德之行**：人一旦有了抱怨，情緒一定非常惡劣，所以就會借酒澆愁。有的人甚至「一不做，二不休」，因為對家庭的抱怨很多，他乾脆不回家，整日徘徊在酒廊舞廳裡；有的人對公司有很多的不滿，他可以請假出遊，甚至洩露機密，使公司受到損失。抱怨的結果，可能對方損失有限，但自己則有更大的敗德之行。例如抱怨父母者，成了不肖兒女；抱怨朋友者，最後反目成仇；抱怨同事者，明爭暗鬥。種種敗德的行為，都由於抱怨而產生，殊為可怕。

四、抱怨是造業之因：世間上很多的打鬥、毀壞、瞋殺等行為，都是因為抱怨而起，所以抱怨是造業之因。一個人如果時時心存善念，縱使受了委屈，被人欺負，只要自己有修養，稍加忍耐，也就過去了。假如感到利益不均，或者為人所侵占，也不能為了虛浮的財利，造下難以彌補的冤仇、業報，否則最後受害最大的還是自己。

因此，一個人一旦心中有了抱怨的念頭，自己應該立刻有所自覺，自己要懂得回心反省：別人待我如此，我待人又如何呢？凡事能夠將心比心，甚至「寧願天下人負我，我不負天下人」，能夠存有如此善念，抱怨又由何而生呢？

放大

各位讀者，大家吉祥！

現代科學界發明很多東西，其中有一項很重要的發明，就是「放大鏡」。因為放大鏡的發明，讓人體乃至遍布於土壤、空氣、水、有機物質與生物體內外極微細的細菌、黴菌、酵母菌等微生物，都無所遁形。

放大鏡能把事物放大幾百倍甚至幾千倍，有助於人用肉眼去觀察、研究，其重要性可想而知。但是，把事物放大固然重要，其實人能把自己的功能、用途放大，更為重要。人要放大一些什麼呢？

一、**放大心量**：一個人的心量大小，與他的做人處事，有重大的關係。心量小的人，即連至親好友都容不下，何況是一般人士？心量狹小的人，他的事業很難有大成就，因為心量有多大，成就才能有多大。心量能容納一個家庭，他可以當家長；能容納一個村莊，可以當村長；能容納一個國家，就能當一國的領袖。做人要能放大心量，能有佛陀「心包太虛，量周沙界」的心量，才能容納世界眾生，才能與宇宙同在。

二、放大眼光：人的眼睛，只占人體的一小部分，但是眼睛能夠觀察四面八方，所以宇宙之大，盡收眼簾。我們評價一個人的能量，除了看他的心胸、度量大小以外，就是要看他的眼光銳利與否？眼光遠大、銳利的人，他可以識人、識貨；一般被形容為千里馬的人才，不就是要靠有銳利眼光的人才能賞識、應用的嗎？

三、放大腳步：放不開腳步的人，在原地踏步，不可能進步。所謂「放大腳步」，就是要「走出去」。路，是人走出來的，地球都在我們的腳下！有的人翻山越嶺，有的人走遍大路，人生立大志，放大腳步向前走，只要有計畫，有力量，有目標，還怕不能成就大事嗎？

四、放大目標：目標是我們前進的方向，目標也是我們前進的力量。我們要前進，不是像無頭蒼蠅一樣，盲目亂飛，必定要先為自己的前途訂下一個目標：是放洋留學？是出國經商？是隨緣旅行參訪？是特地探親訪友？還是希望找尋致富之道？只要你訂定了目標，結交三五好友，或是單獨出發。總之，路是在我們的腳下，目標是在我們的眼中，只要自己有條件，何愁不能達成目標？

五、放大見識：人的見識，也需要放大。「坐井而觀天，曰天小者；非天小也，實乃所見者小也。」農夫，心胸只有他那幾畝田地，怎麼會有見識呢？園丁，眼中只有那幾坪的花圃，他怎麼見得到其他五彩繽紛的世界呢？今日世界變化之大，知識之廣博，所謂「紅海策略」、「藍海策略」，所謂「事物管理」、「人事管理」，所謂「金錢投資」、「人力投資」，所謂「企業經營」、「獨資經營」，都應該要有廣博的知識與見解，能夠放大見識，才能看得到前途的發展。

六、**放大格局**：一個人的格局大小，不是比學識。有的人讀書不多，但格局很大，像上海的杜月笙，像台灣的王永慶，他們都是做大事，有大格局的人。有的人學貫中西，但是自己說話、做事，格局太小，自難成就大事。所以，我們交友，所謂「友直、友諒、友多聞」，格局廣大的人，雖然有些自恃，但值得我們追隨、學習。尤其自己要具備「放大」的條件，放大自己，才能有大成就。

法則

各位讀者，大家吉祥！

孟子說：「不依規矩，不成方圓。」這是告訴我們，要重視法則，有了法則，才有規矩，才有遵循，大家才能平等。

建造一棟大樓，要依建築法則；創辦一所大學，要守教育法則；開辦一家醫院，也有行醫的法則。進步的國家，往往是法則最多的國家；沒有法則的社會，一團混亂。在過去的社會，誰當官，誰就能定法則；一個縣令，就能斷人生死。現在時代不同了，現代講究法律，一審不夠，還有二審、三審，才能斷是非，所以國家人民，要走上現代化，先要重視法則，要有守法的觀念。

本文並非要談國家社會的重大法則，只就個人日常應該遵守一些什麼法則，略舉如下：

一、生活要有法則：早上起床，晚間睡覺，都有一定的時間；一日三餐，吃飯時間，乃至每日行事，都有規矩。生活要有法則，不但自己知道，還要讓你的家人，以及跟隨你的關係人等，甚至你的朋友，都清楚知道你的做事法則；大家知道你的法則，對你的處事風格，乃至你的為人，就能更加了解。

二、說話要有法則：現代人最受人批評，認為沒有規矩、沒有法則的事，莫過於口無遮攔，信口開合，想說什麼，就說什麼，要說多久，就說多久，完全沒有說話的法則。開會，漫無主題的閒談；議事，毫無重點的胡扯。不但說話言不及義，甚至不分主客，不論輩分，講話的長短輕重，都沒有禮數，也沒有法則。一個人只要開口說話沒有法則，別人聽了不高興，下面不管談什麼事，別人都會不歡喜，因為你說話沒有法則。

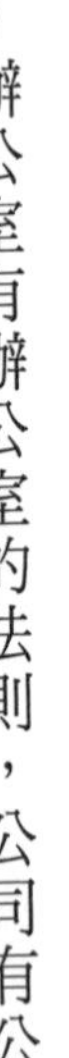

三、行事要有法則：辦公室有辦公室的法則，公司有公司的法

則，機關有機關的法則。上下班都有規定的時間，都有法則；每日工作的事務分配，各科各室也都有法則。你不懂法則，行事就會經常出差錯，很難補救；你懂法則，工作中，我應該負什麼責任，應該向誰報告，應如何寫簽呈，你行事都依法則，別人想要找你的麻煩，也不容易。

四、**學習要有法則**：我們學習語言，先要學習發音、單字、成語，循序漸進，不可東學一句，西學一句；等於現在的戰爭，要打有法則的戰，不是混戰一場。吾人要學習書法，也是一筆一畫，由易至難，由淺而深，都有法則。

人生不管學習什麼，就算古代中國的學徒制度，也有法則。現代人接受任何職業訓練，也有法則，甚至碩士、博士要寫論文，也有論文的法則。學習不依法則，怎麼能成功呢？

五、人際要有法則：人在世間，家人親戚，朋友同事，再到社會人我往來的人際關係，都有法則。親戚到底不是自己的骨肉同胞，鄰居到底不是家人眷屬，長官必然不是你的部下，所以同事、朋友，都要把各種的關係、法則搞清楚，才不致逾越分際。如果人際法則有了錯誤，那麼人生處世就會困難重重了。

六、修行要有法則：修行的法門很多，也有不同的次第。你是以「聞思修」為修行法則呢？是以「信願行」為法則呢？還是以「信解行證」為法則？或是以「慈悲喜捨」、「五根五力」、「七覺支」、「八正道」為法則呢？修行的法則，禪修有禪修的法則，念佛有念佛的法則，研究佛學有研究佛學的法則。總之，學佛修行要有法則，才能學有所成；做人處事要有法則，才能安身立命於今日社會。

千姿萬態
似碎實完整、
林質助我、也
是漢碑助我、
小魚

幽默

各位讀者，大家吉祥！

人和人相處，需要多一點幽默感，有幽默感的人隨時都能製造歡笑，所以到處受人歡迎。

幽默不是能言善道，幽默是風趣、機智。有一年，世界宗教大師達賴喇嘛訪台，有位記者訪問他：「佛教有過午不食的說法嗎？」達賴喇嘛說：「是啊！」記者又問：「那肚子餓了，怎麼辦呢？」達賴喇嘛說：「就到廚房去偷吃囉！」

擁有赤子之心，才是生活中的幽默大師。其實，古來的禪師沒有一個不是幽默大師。禪，就是幽默；幽默，才有禪味。學禪，要有悟性，要有靈巧，明白一點說，就是要有幽默感！

幽默是人際相處的潤滑劑，是人間智慧的花朵，一句幽默的話語，妙用無窮。試舉幽默的妙用如下：

一、幽默可以展現機智：清朝名臣紀曉嵐，才華橫溢，文思敏捷，尤其性格詼諧，經常語出驚人，妙趣橫生，因而極負盛名於當時。在紀曉嵐中進士後，受到乾隆皇帝的賞識，當了侍讀學士。有一天，皇上遲到，紀曉嵐對另一侍讀學士說：「老頭子怎麼還不來？」誰知乾隆皇帝剛好聽到這句話，龍心不悅問道：「誰在說話？老頭子三個字如何解釋？」侍讀學士們嚇得趕緊匍匐於地，不敢出聲。紀曉嵐卻從容的脫帽，跪答：「臣認為萬壽無疆便是老，萬民之主是為頭，父天母地便是子。」乾隆皇帝聽到這麼無懈可擊的機智回答，不禁轉慍為喜，因此對紀曉嵐不罰反賞。

二、幽默可以化解尷尬：民國初期，善於宣說法要的圓瑛法師，每次講經都是座無虛席。有一次開大座講經圓滿後，維那師應該要呼：「打引磬，送法師回寮！」但一時太過緊張，竟然呼成：「打法師，送引磬回寮！」圓瑛法師本來應該說「不消送」，但他聽了維那師這麼一喊，馬上回答說：「不用打，我自己回去！」舉座大眾聽到這麼幽默的話，不禁哄堂大笑，維那師的尷尬就在圓瑛法師的機智幽默中，化解於無形。

三、幽默可以製造歡樂：幽默不是惡作劇，幽默不是整人，幽默要能讓對方感到會心一笑。有個小兵，出外買了兩隻鴨子，提在手

上。回營時被團長看到，團長問：「手上拿的是什麼東西？」小兵一緊張，回答道：「報告鴨子，我提了兩個團長。」團長說：「我很重的，你拿不動！」一場幽默的對話，引來旁觀的人哈哈大笑。

四、幽默可以感動人心：幽默要諧而不謔，不能傷人，有幽默感的人都懂得自我解嘲，而非諷刺別人。宋代的石曼卿學士，有一次出遊報寧寺，侍從不小心讓馬受到驚嚇，馬背上的石曼卿因此摔了下來。隨從大罵侍從，但石曼卿只是溫和的握著馬鞭，幽默的對隨從說；「好在我是『石』學士，如果是『瓦』學士，豈不要摔破了。」一句幽默的話語，既能化解別人的難處，更能感動人心。

以往女子嫁人，都講求門當戶對，現在則注重對方的幽默情趣。一個生性幽默的人，善於製造歡笑，讓人產生好感，所以容易廣結善緣，自然到處受人歡迎。

後

各位讀者，大家吉祥！

人的習慣都是向前看，看前面，看前途；但是前面只有一半的世界，後面還有另外的一半，所以人要懂得兼顧後面的一半。如何照顧後面的一半呢？

一、做人要預留後路：世間事，都有「正反」兩面，都有「前後」的問題；顧前不顧後，做人處事必然不會圓滿。人如果沒有預留後路，一旦前面的路走絕了，怎麼辦呢？所以，說話、做事都要懂得預留後路。

二、走路要預防後方：行人走路，儘管自己小心靠邊走，但是因

為看不到後方來車，有時還是會被不守交通規則的汽車所撞，所以走路不能只顧前面，後方也非常重要。這就如同一個偉大的軍事家，戰爭當然要求勝，但是萬一一時不能取勝，必然先要考慮後方的退路。礦工到了地下開採礦產，都會先把後方的通路準備好，才能往前走。甚至很多動物，也都懂得預留退路，才敢前進。一般走夜路的人，要替後面的人留一點照明，或是途中遇有障礙時，能為後方的人去除障礙。乃至有了坑洞、溝渠，就是自己跨過去了，還能鋪上踏板，讓後來的人安全走過，這才是會走路的人。

三、比賽要預估後勁：牛、馬、大象、駱駝等素食動物，都很有耐力，所以後勁十足；反之，肉食的虎豹雖然凶猛，往往後力不繼。現在的體育競賽，一場籃球賽，上半場打得很好，下半場就後繼乏力。一場馬拉松賽跑，不能一上場就使盡全力，要預估後面衝刺的力氣。因為馬拉松賽跑不只是十公里、二十公里，而是四十二公里，所以人生不能只在起跑時有力，後勁有力更是重要。

四、投資要預期後來：現代人追求未來的成就，都懂得投資。教育要投資，交通要投資，農工商業都要投資；投資之時，先要預測結果，要能看得到後來的發展。現在經濟投資都講究能有多少報酬？人力投資能有多少回饋？有些人沒有經過市場調查，盲目投資，結果虧損累累。甚至國家的外交、國防的設施，如果投資不當，也是浪費人民的納稅錢。

五、事業要預交後代：任何一個創業的人，都不希望自己所創的事業在自己手中結束，而希望能預先交給繼承人。繼承者不是臨時要就有，必須預先培養。培養接班人已經成了現代一句流行的口號，不只政治上的接班人、事業上的接班人，甚至學說、思想也都講究傳承，佛國世界更講究傳燈，所以人間任何事業，都不能不預備傳承。

六、**人生要預囑後事**：中國人一向忌諱談人生之最後的生死問題，但人類有生就有死，人必定會面臨死亡的一日。到了死亡之後，很多理念、財產沒有預付遺囑，造成子孫紛爭，弄得家族水火不容，真是情何以堪。假如能預留遺囑，事先把死後的事情交代清楚，子孫蕭規曹隨，繼續發揚事業，這也可以讓事業的生命不死。

因此，人不但要懂得預留遺囑，為自己的後事做個最好的打算，尤其若能立功、立德、立言，讓自己的功德、智慧澤及後代，更是有意義的人生。

相對說

各位讀者，大家吉祥！

自從愛因斯坦發現了「相對論」，世間很多思想、學說因而改變，過去所認定的一些看法與觀念，不得不重新調整。

確實，世間無論大小事情，都有相對的關係，例如禍福、生死、貧富、成敗、真假、貴賤等，都有相對的關係。但是，相對的關係也不是絕對的，還是可以調和、調換，例如生死，生了要死，死了要生；再如禍福，是禍也可能因禍得福，福報也會隱藏禍患，所謂「是福不是禍，是禍躲不過」，其中自有因果安排。以下茲就相對的關係，列舉數則一說。

一、**有與無**：世間上的人總認為，「有」、「無」是兩個對待的，有的不是無，無的不是有。但事實上，有的也會無，無的也會有。你本來沒有錢，忽然撿到一塊鑽石，或是家園後方發現一塊油田，你不就發財了嗎？有財有勢的人，忽然遭遇了一場橫禍，財富一夕之間蕩然無存，什麼也沒有了。因此，假如有慧眼的人，能徹底認識世間，就會知道，有的非真有，無的非真無；有的是有限有量，無的是無窮無盡。無反而更大、更多。

二、**難與易**：世間上有難做的事，有容易做的事。會做事的人，困難的事也會變成容易；不會做事，容易的事也會覺得困難無比。過去有一個後母，凡是困難的事，都分給前妻的兒子做，輕鬆容易的事，留給自己的親生兒子做。例如，讓前妻的兒子挑磚頭，自己的

兒子挑稻草，但是一陣大風吹來，稻草被吹得一根也不剩，磚頭卻完好如初。所以難的不見得不好，輕鬆的也不見得容易成功。

三、內與外：人因為所在的方位不同，所以有內外之分，例如，你在臥室裡面，我在臥室外面的客廳；你在內，我在外。但是門口有人對我說：你到外面來，我有話跟你說。到底誰是內，誰是外？只因立場不同而有分別。事實上，宇宙間，空間是無內無外，時間是無始無終，只是我們強加立名，因此有內外、有始終。如果我心裡愛我的一家人，一家人都在我的心裡；我愛我的國家，國家都在我的心裡；我愛全世界，世界都在我心中。我的心有多大，就能包容多大，在廣大如虛空的心中，那裡還有內外呢？

四、苦與樂：世間苦樂是對待的，然而苦樂不是絕對的，有的人在快樂中，可是「人在福中不知福」，他仍然覺得生活很苦；有的人在艱苦中奮鬥，但是他心中充滿樂觀喜悅。有的人珍餚美味吃不下，有的人粗茶淡飯吃得津津有味。苦樂不是必然的，是可以任由自己改變的。佛教講「法界唯心」，心如工廠，可以製造快樂美好的產品，也可以產生煩惱痛苦的東西，一切都看自己如何調心。

五、大與小：世間上什麼是大？世界為大。什麼是小？沙塵為小。世界不大，因為虛空中不知有多少百千萬億個世界；你說沙塵微小，沙塵中也包容無限的世界。所謂「須彌納芥子，芥子藏須彌」，一百噸的石頭很大，一克拉的鑽石很小，其價值究竟誰大誰小？所以大的非真大，小的非真小，髒的非真髒，淨的非真淨；淨穢大小，是非好壞，在佛教的華嚴世界裡，都有特殊的意義。我們何不換個心情，以智慧來領略真理的另一番世界呢？

征服

各位讀者，大家吉祥！

地球上很多的英雄好漢，都想征服別人的國家，征服別人的土地，征服別人的財富。其實，這不算是英雄好漢，因為這種征服，必定會引發戰爭，死傷人命，結果只是為了滿足少數人的野心。真正的征服，應該是：

一、要有征服海洋的決心：西方的哥倫布，中國的三寶太監鄭和，他們都有征服海洋的雄心；因為他們征服了海洋，因此讓世界的國家提早往來，相互了解。尤其征服海洋，從海洋的通商獲取財富，乃至宣誓國威，讓國家聲名遠播，都有巨大的貢獻。

二、要有征服天空的意志：一百年前，萊特兄弟發明飛機，只希望把人類的視野提高一些，誰知道一百年以後，七四七的飛機，能飛行到三、四萬英呎以上的天空，而且東西方往來，朝發夕至。甚至現在人類更登上月球，當阿姆斯壯登陸月球的那一刻，如他所說：「雖然這是我的一小步，卻是人

類的一大步。」由此人類征服太空、火星，未來到達木星，就不再只是夢想而已了。

三、要有征服山嶽的精神：世界上，不少的登山高手、探險名家，他們征服山嶽的成就，比起那些征服海洋、天空的志士，一點也不遜色。他們立志征服山嶽，為了登上喜馬拉雅山的聖母峰，多少人犧牲生命，但是前仆後繼，仍然勇敢的向上攀爬，終於登上世界最高峰。這許多人，比起那些征服別人國家、土地、財產的人，他們的志節是高尚多了。

四、要有征服放逸的勇氣：人類立志向上，如逆水行舟；人類放逸懈怠，如江河日下。如孔老夫子說「吾未見有好德如好色者」；如佛陀說「失人身如大地

土，得人身如爪上泥」。可見惡習不能縱，放逸不能容；人要征服放逸，一定要有壯士斷腕的勇氣，才能振奮自己，勇往聖賢之道前進。

五、要有征服無知的覺醒：人類最大的缺點，就是無知；無知的人，比土木石塊都不如。土木石塊偶而還能有用，無知的人，只會壞事，不能成事，所以不能征服無知，不能自我覺醒，不能成人也。

六、要有征服自私的力量：人類最大的敵人，就是自私；因為自私而造成執著、無明、迷失。人類能降服自私，雖不能做到孫中山先生的「天下為公」，只要能「公而忘私」，就已經算是真有力量的人了。所以，人類雖然都是自私的，因為自私，造成人間的傷害，人間的破壞，人間的損失；能夠以佛心來降服私心，所謂「以佛心為己心，以聖人之志為己志」，人類能有征服自私的決心，何愁人性不能提昇呢？

美

各位讀者，大家吉祥！

什麼是世間上最美的東西？有人說：日出最美！也有人說：夕陽最美！另外，天上的雲霞，地上的花朵，一望無際的草原，高低起伏的山巒，甚至海市蜃樓、沙漠幻影，都有人覺得很美。

在我們的生活周遭，什麼才是美呢？

一、**自然就是美**：一個女性不經過化妝，不需要濃妝豔抹，她會顯現出自然的美麗。一處風景名勝，本來有大自然原野賦予的美，但經過人工雕琢，開鑿建設，反而呈現一股匠氣，失去自然之美。每一個人都有整齊的五官，都有靈活的手腳，假如再有自然的氣質、姿態，就更能表現出自然之美了。

二、數大就是美：有時候，一個東西，單獨一個，沒有比較，呈現出一種稀少的寶貴感，故有「少就是美，小就是美」的價值。但是一般來講，數目多了就是美。一片森林，無窮無盡，茂密蓊鬱，不但美而且幽深難測；一片草原，廣大無邊，讓人感到綠意盎然之美。乃至海洋的遼闊，高山的崇偉，都呈現廣大高聳之美。石頭之奇，固然稀有難得，但是雲南的石林，其數之多，不但奇而且更增其美。甚至桂林的山很秀，因為數目多，更能顯出桂林山水之美。中國宮殿建築要有「群」，因為數多，就能呈現出美感。路樹因為直，而且為數多，也會襯托出道路之美。一個手指不美，十個手指伸出來就有美感；一根頭髮不美，一頭烏絲就會很美。數目多所產生的美感，不要破壞它，因為減少了多數，就減少了美感。

三、健康就是美：西施捧心顰眉，雖然有人欣賞，也有人說那是一種病態之美。通論美，應該健康才是美。嬰兒活潑健康，不但美而且可愛；鄉村的農夫，曬得黝黑的皮膚，那種樸實的健康美，讓人心儀。人體之美，健康、自然、大方，儀態出眾，氣質優雅，都能表現出人體之美。遺憾的是，現代人的審美觀感，只注重面孔，不講究風姿。所幸現在世界選美，一個世界小姐的產生，都重視其身體的健美，風姿的綽約，語言的流暢，反應的機智，心理的均衡等。這已經告訴世人，美是一個總體感的成就，不是殘缺的美。

四、投緣就是美：什麼是美？有時候也很難有定論。所謂「情人眼裡出西施」，投緣就是美。現在的婦女，都一窩蜂的講究瘦身，認為修長、體弱，才能表現美。就如古代的婦女，要裹小腳才算美，然而現在中國少數民族的西雙版那，他們的婦女以胖為美，所以美感真是難有定論，端看個人的緣分。

五、善良就是美：有的人注意外在美，有的人重視內在美。所謂內在美，女性要溫柔善良，男性要有英雄氣概。真正的英雄，不但健康，而且要仁慈；真正的美女，一般講究美容，其實不如美心、美性。心地厚道，本性善良，那才是真正的美。

六、智慧就是美：在很多的美當中，要算智慧最美了。一幅畫，畫風獨特，意境幽遠，那就是美；一件雕刻，表現出深刻的功力，那就是美。一盆花，一處庭園，一棟建築，一座橋梁，之所以讓人覺得美，因為個中都有作者的智慧。這是個美麗可愛的世界，自然很美，假如再用智慧來點綴，那就美上加美了。

美的事物人人喜愛，每個人也都有他最美、最獨特的一面，就看自己如何去表現！

飛揚

各位讀者，大家吉祥！

我們看到飛機翱翔在天空，我們看到船隻航行在海上，不禁感到人類也要飛揚。所謂「飛揚」，人類應該如何飛揚呢？

一、意志飛揚：做人，要想成就一番事業，一定要先立定自己的志願，讓志願如同有翅膀的鷗鳥，自由自在的在天空飛揚，不會因為狂風暴雨而退縮。我們要讓意志飛揚，要以天下為己任，如早期中國空軍，壯志凌雲，尤其抗日期中，筧橋一役，高志航先生率領空軍健兒，殲滅敵機，為空軍在抗戰史上寫下可歌可泣的一頁。雖然後來在周家口一

役，高志航先生出師未捷身先死，但如他生前所說：「死一個高志航，中國會有無數個高志航！」他慷慨為國捐軀，意志飛揚，多麼令人尊敬。

二、精神飛揚：我們的精神要奮發，我們的心情要愉快，我們要樂意為人間貢獻，我們要歡喜為人間服務。有飛揚的精神，每天都活得自由自在，隨緣服務奉獻，何等逍遙灑脫！有飛揚的精神，人生到處樂觀，時時積極奮發。如佛光人的精神「給人信心、給人歡喜、給人希望，給人方便」；沒有飛揚的精神，又如何能做得到呢？

三、心情飛揚：人的心是善變的，常常因為外境變化，心情就受到環境的影響而喜怒不定，就像天氣一樣「晴時多雲偶陣雨」。尤其，我們的心常常因為別人一句閒話，可能幾天吃不下飯；見到別人一個不如己意，可能幾晚都睡不好覺。

人的見聞覺知，隨時都受外境所轉，不能歡喜快樂；假如心情能歡喜飛揚，如陽光普照，如月光朗照，所謂「一朝風月，萬古晴空」，那是何等自在放曠的境界呢？

四、慈悲飛揚：人的煩惱很多，貪欲、瞋恨、邪見、我慢、執著，都容易飛揚，唯有慈悲心不容易生起。我們要發願，把歡喜布滿人間，把美好散播於宇宙，像觀世音菩薩一樣，遊諸國土，救苦救難；能夠如此慈悲飛揚，人生必然到處受人歡迎。

五、正氣飛揚：文天祥的〈正氣歌〉說：「天地有正氣，雜然賦流形。下則為河嶽，上則為日星，於人曰浩然，沛乎塞蒼冥。皇路當清夷，含和吐明庭；時窮節乃見，一一垂丹青。」浩然正氣，如山嶽之崇高，如海洋之深廣；就等於佛性，遍滿虛空，充塞法界。人有了浩然正氣，如張自忠先生在抗日戰爭時，深入敵軍，被敵人包圍，但他寧死不屈。後來雖然壯烈成仁，卻贏得在場全體日本軍閥的軍禮致敬，這就是正氣飛揚，這就是正氣充沛人間的價值。

六、道行飛揚：飛揚，不是逞匹夫之勇，也不是狂妄粗魯。飛揚的人，要有道德，就如武功高強的俠客，摘花飛葉，彈指神功，他不需要跟敵人做種種的纏鬥。一個人能用道氣服人，能用德行服人，則所謂飛揚，才有意義。

重要

各位讀者，大家吉祥！

現在如果有人提出有獎徵答，問大家一個問題：世間什麼最重要？相信答案一定是五花八門，不一而足。

什麼最重要？有人說國家最重要，有人說生命最重要，有人說思想最重要，有人說自由最重要！究竟什麼才是最重要的呢？按照一般常情衡量，約略估定如下：

一、**自己比存款重要**：人是自私的，凡事從自己的私心出發，所以世間上沒有比自己更重要的東西。有的人「落水要命」，上了岸以後就問：我的錢呢？可見自己的老命最重要，有了命才會想到存款，

沒有命，錢再多有什麼用呢？

二、存款比老婆重要：寄放在銀行裡的存款，老婆動用個十分之一、二，感情好的夫妻不會計較；假如動用太多，老公翻臉無情，甚至休了老婆也不一定，因為存款比老婆重要。

三、老婆比房子重要：一個男人，想要獲得妻子的歡心，先買一棟房子給她。一棟房子動則幾十萬、幾百萬，男人毫不吝惜，可見老婆比房子重要。

四、房子比子女重要：有的人一生辛苦，就是為了買一棟屬於自己的房子。子女長大後，就鼓勵他們搬到外面自立，因為房子是自己所獨有，與子女共住，不夠寬大，所以把房子看得比子女重要。

五、子女比朋友重要：人難免有親疏之別，一個是自己的子女，一個是外來的朋友；外來的朋友怎麼能比子女更親呢？所以當利害衝突時，親人子女當然比外面朋友重要。

六、朋友比職業重要：好朋友，肝膽相照，自己明明有一份很好的職業，為了與朋友共進退，辭職不幹，因為職業可以再找，朋友不容易找到知心之交。如劉玄德說：「妻子如衣服，朋友如手足；衣服破，可以換，手足斷，不可接。」可見古人早把朋友當成人生不可或缺的要角。

七、職業比操守重要：一個

人有職業，假如不注重操守，則有職業也沒有意義。因為人的人格尊嚴，都建立在操守上，如果操守有虧，人格破產，道德形象受損，則一切都沒有可談的。尤其服務公職者，操守最為重要，但現代有些人只顧職業，不重視操守，有的朋黨為奸，有的受同事影響，罔顧職業道德，都讓自己失去人格，人生因此一敗塗地，殊為可惜。

八、操守比自己重要：人的一生，榮華富貴、妻子兒女，都是自己所在乎、所看重的，對自己都非常重要。但是如前所說，一般人性還是把自己看得最為重要，凡事還是會從自己的本位去考量，得失成敗還是從自己出發。

然而人生的圓滿，俗語說「蓋棺論定」，大家評論某人良心道德的標準雖有輕重，但是評定的內容，還是以做人的操守最為重要。所以，做人成功，才是人生最重要的事。

美感(一)

各位讀者，大家吉祥！

人的天性都喜歡藝術，因為在藝術的世界裡，讓人有一種美感的享受。

文學家為了培養詩詞的美感，沉思蘊釀；哲學家為了一句至理名言，廢寢忘食；音樂家一首歌曲，就是一生的成就。其他如雕刻、繪畫等，都是以美感為人間增添燦爛光華。除此以外，人生還有些什麼美感呢？

一、天真童顏有美感：稚齡的兒童，天真爛漫，不但能贏得父母的歡喜，就是一些不熟識的老公公、老婆婆，也常常被兒童的童言童語逗得開懷大笑。兒童赤子純真，是家人歡笑的泉源，同時也能博得非親非故的外人欣賞，這是因為天真的童顏有美感也。

二、年輕女性有美感：在男女兩性當中，因為受到「男尊女卑」的觀念影響，過去女人容易遭受歧視。但是女人天生比較柔弱纖細的特質，也容易受到較多的呵護。尤其一些年輕女性，飄逸的長髮，輕盈的動作、明亮的眼神，在在散發出女人特有的嬌柔美感，總能令人油然生愛。

三、青山綠水有美感：大自然裡，一望無際的草原，或是蒼翠蓊鬱的森林，以及流水潺潺的青泉小溪，大自然的青山綠水，總是令人陶醉。

甚至荒無人煙的沙漠，乃至白雪皚皚的山巔，都有自然的美感，因此自古人類都喜歡親近大自然。

四、百花怒放有美感：春天到了，百花怒放，不管是空谷裡的幽蘭，還是高山上的櫻花，甚至庭院裡的牡丹，或是花瓶裡的玫瑰，都能為天地增添美感。即使再怎麼簡陋的地方，只要百花盛開，所謂花紅柳綠、奼紫嫣紅，都是美不勝收。所以大自然的萬事萬物當中，最美的要算是花朵了。

五、滿天星斗有美感：夜幕低垂，當大地一片靜寂的時候，天上繁星點點，滿天的星斗，猶如一粒粒的珍珠鑲在天空裡，閃閃發亮。此時夜涼如水，一個人靜靜的眺望蒼穹，感覺世界真是無比奇幻美妙。很多人的童年，就是在滿天星斗的陪伴下，留下了無比美好的回憶。

六、雨後彩虹有美感：夏天的一陣雷雨過後，天空出現一道彩虹，紅橙黃綠藍靛紫，七彩的光帶，像拱橋般高掛在天邊，彷彿溝通了人間和仙界，給人無限的遐想。彩虹的顏色柔和而美麗，但它不實在，很快就會隨著日光與水氣的變化而消失無蹤，讓人不由得感受到大自然的變化無常。

七、海邊夕照有美感：有的人喜歡到高山上看日出，但也有人歡喜到海邊看落日。夕陽西下，景色無限，有時候夕陽像一位青春洋溢的少女，全身散發熱烈的光芒，迅速的沉入地平線；有時候，夕陽變身而為冶豔的少婦，滿身通紅，在海面上流連不捨的作最後的回顧。從夕陽的落日餘暉裡，讓人沉思生命的歸屬，讓人體會生命的美麗。

上述的美感，只是世間美好景物的萬分之一而已；更多的美感，有待自己留心觀察、體會。

美感(二)

各位讀者，大家吉祥！

上文說到「美感」，美有人工美，有自然美，兩者之美，各有不同。只要是美的事物，都會讓人喜愛，例如一幅繪畫，一件雕刻，讓人看得心神嚮往；一首悠揚的音樂，一篇雋永的詩文，都讓人回味再三，讓人陶醉在優美的旋律和意境之中。

以下再就「美感」，列舉六點：

一、**登山望遠有美感**：喜歡登山的人都有這樣的體驗，攀上峰頂，極目望去，萬里晴空，起伏的山巒，蜿蜒的溪流，裊裊的炊煙，四周的美景盡入眼簾。尤其登高望遠，彷彿世界都在自己的腳下，那種「登泰山而小天下」的遺世獨立之感，真是令人流連忘返。

二、錦繡河川有美感：每一個國家，都有它特殊的大自然美景，中國的「錦繡河山」更是舉世之冠。滔滔的黃河之水天上來；長江運河的水域像少女的裙帶，翩然起舞；太湖、洞庭湖的水面，銀波蕩漾；九寨溝、黃龍的流水，清澈見底；三山五嶽、四大名山，甚至喜馬拉雅山的愛弗勒斯峰，更讓多少登山隊前仆後繼，不惜犧牲生命，也要冒險攻頂。山水的迷人，不是一些足不出戶的人所能理解，所謂「仁者樂山，智者樂水」，良有以也。

三、萬鳥歸巢有美感：你看過天上的野雁排成人字形，集體飛過的場面嗎？你看過萬鳥歸巢，成群凌空而過的景象嗎？鳥獸和人類一樣，都是群居的動物，他們有時候因為氣候的關係而遷徙，有時候為了孵育下一代而搬家。牠們很少離開團隊，大部分的時間都是在團體裡同進同出。當萬鳥歸巢的那一刻，整個天空一下子被遮蔽，天地為之變色。看到萬鳥歸巢，讓人感到生命的寶貴，所以中國自古就有「勸君莫打三春鳥，子在巢中望母歸」的訓誡。如果人鳥群獸，甚至萬物都能同體共生，那是多麼美好的世界！

四、**群蝶飛舞有美感**：我們看到雨後天晴，蜻蜓結伴在空中飛翔；我們看到春暖花開，滿山遍谷的蝴蝶在飛舞，姿態多麼的輕盈曼妙。台灣過去有「蝴蝶王國」之稱，除了高雄的黃蝶翠谷、彩蝶翠谷之外，中部的埔里小鎮更盛產蝴蝶。遺憾的是，當地居民把蝴蝶做成標本，出售海外，名為爭取外匯，希望獲得國家給予獎勵。台灣過去靠著少棒揚名海外，以及女子足球隊、籃球隊為國爭光，尤其「飛躍的羚羊」紀政，更是台灣人的榮耀。有人批評台灣只靠女人與小孩來爭取光彩，甚至就連小小蝴蝶也不放過，還要靠牠們來賺錢，真是無比諷刺。

五、縱馬草原有美感：中國向有「南船北馬」的說法，南方交通工具大都靠行船，北方民族因為他們的世界就是草原，所以年輕的少男少女，往往十幾歲就能騎馬馳騁草原。在一望無際的遼闊草原上，就是北方兒女的生活天地，他們縱馬的雄姿，也為草原大地平添美感。

六、海市蜃樓有美感：航行在大海上，或是行走在沙漠裡的旅人，經常會看見「海市蜃樓」的奇異景象。這是光線經過不同密度的空氣層，把遠處的景物折射或反射在空中或地面上所形成。乍見之下，如天堂，似仙境，又像世外桃源，美而雄偉。可惜因為虛幻不實，所以儘管景致再美，終究無法維持長久。不過，儘管美景不再，美感卻能常存心中，永不磨滅。

要看

各位讀者，大家吉祥！

人生「要看」的東西很多，風景名勝要看，報章雜誌要看，國內外重要的政經科技資訊也要看。尤其學生從小就要看書，《二十四史》要看、《資治通鑑》要看、經史子集要看，舉凡文、史、哲、理都要看，甚至人生看人看事、看你看他、看花看草、看山看水，要看的實在太多了。本文不是要你看天下大事，只是生活中有一些簡單的事物，甚至只是一張紙，都不能不看。例如：

一、**指路標要看**：世界上的道路很多，每一條路都有指路標，告訴我們路名，或是預示下一站往那裡去。不看路標，找不到路，不但花費時間、精力，也浪費金錢。中國人一向缺少用眼睛看的習慣，也不喜歡用耳朵聽，凡事總愛開口問。例如，住飯店時，明明餐廳就在隔壁，他要問人：餐廳在那裡？出外旅遊，明明導遊為大家介紹過環境，一解散，他馬上問人：洗手間怎麼去？所以人的眼睛不但要能看大事，即使看指路牌，也要養成習慣。

二、**說明書要看**：一般成藥，都會附上說明書，說明各味藥方的成份、藥量，乃至使用法、應注意事項等，如果不看說明書，服用錯誤，會收到反效果。另外，一些電器用品，舉凡電視、冰箱、電鍋，乃至電腦、手機等，也會附上說明書，指導消費者正確的使用法；如果不看，買了不會用，或是發生危險，後果不堪設想。所以，現代人要學會看說明書，才能使用現代產品，才能做個現代人。

三、傳票單要看：法院寄來通知單，要你出庭作證；如果你不看，缺席不到，也是犯法。甚至自己因案被法院以傳票單告知，如果你不看傳票，成了被告都不知道。所以現代人要有現代的知識，無論通知單或傳票單，都要仔細看清楚。

四、催繳單要看：國稅局、稅捐處寄來催繳單，要你繳交今年度的所得稅，或是名下所擁的土地、房屋稅，你不看催繳單，抗稅不繳，也是很大的罪名。甚至你向銀行借貸，銀行寄來利息催繳單，乃至刷卡繳款通知單等，你收到單子就應依程序付款，不能借故說沒有看到催繳單。身為現代國民，凡事要清清楚楚，不能拖泥帶水。

五、成績單要看：現代學生，不但學校每學期有月考、期中考、期末考的成績單要看；出了社會，參加普考、高考，或是徵才考試，考過試以後，都必須注意看成績單。你忽視了成績單，不像古代的人考上狀元，有人會敲鑼打鼓上門通知，現代沒有人會通知你，唯有自己看成績單，才不致於讓權利受損。

六、體檢單要看：現代醫學進步，醫療體系健全，現代人不是生了病才要看病，平時就應該做定期的健康檢查。檢查結果無病最好，萬一經由健檢而發現疾病，至少能及早就醫，治癒的機會就愈高，所以體檢單要看，才能確保身體健康。

儒家講「非禮勿視」，不當看而看，往往看出麻煩來；當看而不看，也會問題叢生。所以上述「要看」，不能不看。

風度

各位讀者，大家吉祥！

一個人要想受到他人的尊敬，道德、學問以外，風度也非常重要。我們有時候看到一個小兵，覺得他有大將之風；看到一個送貨員，覺得他的氣度非凡，不輸一個董事長。我在美國的機場，看到紳士們，覺得他們十之八九都能當總統，不是因為他們個子高大，而是因為從小養成，在公共場合群眾聚集之處，所表現出來的風度，讓人讚歎、尊敬。

怎樣才叫做有風度呢？

一、不要氣急敗壞：一個人，稍為忙碌一點，就手足無措；一句不入耳之音，馬上氣急敗壞。平時走路顯得匆忙，講話總是虛浮不實，讓人感覺他急躁不安，不夠沉穩。所以禪門講修行，總叫人要調節氣息，要心平氣和，不要心浮氣躁，否則難成大器。

二、不要面紅耳赤：有些女士常在人前涕淚交流，固然沒有風度，男士們動不動在人前爭得面紅耳赤，也是沒有風度。我們看一個有修養的人，在任何危難之前，都是安之若素，這種風度總在無形中讓人折服，為之傾倒。

三、不要惡口相向：人的語言，可以表達內在的智慧、幽默；一個有幽默感的人，即使別人的話他深不以為然，但也是哈哈一笑，絕

對不會惡口相向。談到惡口罵人，立法院經常做了不良的示範，有些立委動不動就拍桌叫囂，語言咄咄逼人。中國有一句話說「有理不在高聲」，所以說話的風度也非常重要。

四、不要阿諛奉承：做人要有禮貌，尤其跟人說話，出言吐語要得體。有時適當的奉承，無可厚非，但是如果過分的阿諛奉承，不但有損自己的尊嚴，也降低自己的人格。所以做人要不卑不亢，保持自己的風度。

五、不要曲躬諂媚：有些人做人毫無風骨，在大人物面前曲躬諂媚，在富商巨賈之前搖尾乞憐，那種模樣讓人噁心。或許有些大人物喜歡別人對他曲躬諂媚，但一個人為了逢迎拍馬，不顧自我的尊嚴，也就難以令人對他相敬以禮了。

六、不要花言巧語：有風度的人，說話都是正正派派，老老實實，不會花言巧語。所以，經驗、閱歷豐富的人，一般人在他面前，只要說上幾句話，此人的人品、操守，乃至道德學問有多少，馬上就知輕重，正是所謂「只要一開口，就知有沒有。」

七、**不要氣勢凌人**：有風度的人，說話都是語氣和緩，措詞文雅，以不傷害人為原則。假如一個人說話盛氣凌人，失去君子風度，縱使有權有勢，也得不到別人的尊重。所以自古以來，重要人物都是以德服人，而不以氣勢壓人。

八、**不要傲慢偏激**：傲慢的人，沒有風度；偏激的人，更沒有風度。所謂風度，在謙虛，在慈和，所謂「溫文儒雅」，才有風度。風度也是一個人的氣質，從行為上表現出來的氣質，有風度沒有風度，一目了然，所以在社會上，要想提昇自己，必須養成高雅的風度，否則難為人所尊敬也。

卷三

無用之用

天生萬物，有用無用，要看各自的立場，
我需要他，就認為這是有用的；
我不需要他，就認為是無用的。
一般人認為身體上一些看似無用的東西，
實際上對人體還是有很大的作用。

根源

各位讀者，大家吉祥！

「木有根，水有源」，萬事萬物都有根源，都非憑空而有，也不是天空掉下來，或是地底裡蹦出來的。我們看到潺潺流水，就知道附近必有水源；此處有茂盛的大樹，可想而知它必定扎根在厚實的土壤裡。世間萬有，都有其根源，試舉數事如下：

一、文化的發展必有根源：世界上的古老文化，有所謂中華文化、印度文化、希臘文化、巴比倫文化、馬雅文化、埃及文化等。不同的文化孕育出不同的成就，舉凡藝術、哲學、文學、天文、數學、科學、農業等，各種文化的發展，必定有它的根源。

二、種族的壯大必有根源：世界上有很多的民族，有的民族是從部落慢慢匯聚成一個大民族，例如中華民族是由漢滿蒙回藏，還有許多少數民族集合而成龐大的中華民族。同樣的，阿拉伯的民族、日耳曼的民族等都是。但是，在很多的民族裡，有的民族在壯大，有的民族慢慢在萎縮，如印地安的民族，以及台灣的阿美族、泰雅族等。一個民族如果只靠別人養活，必定會慢慢衰微；靠自己奮鬥的民族，必能壯大，所以民族的壯大必有其根源。

三、政治的派系必有根源：自古以來，舉世各國的政治，向來就有許多不同的黨派，甚至一個黨裡又分出多少派、多少系。因為政治是眾人的事，所以大家都有意見，一旦意見分歧，自然成為派系。現在所謂民主時代，儘管政治派系很多，最後仍須由全民來抉擇，人民喜歡那個派系，那個派系就能執政。但是你的理念、政策，要能經得起全民的檢驗，才能存在。

四、事業的成就必有根源：同村的鄰居，各自出外謀生，有人創業成功，有人還在艱苦奮鬥。兄弟數人，同父同母，經過同樣的教育後，各自創業，有的功成名就，有的一事無成。事業的成就與否，要看各種條件，除了個人的能力、智慧不同是重要因素以外，各種緣分的助成也是相當重要。所以事業的成就，必有其根源，不懂探本求源，很難成功。

五、身心的健康必有根源：人在世間的舞台上活躍，必定要有健康的身心、體魄；身體多病，心術不正，怎麼能和人一較長短呢？身心健康，思想純正，為人有德，以誠信處世，以篤實做人，才能立足世間。有什麼樣的根本，成長什麼樣的樹木；有什麼樣的水流，匯聚成什麼樣的流域。所以身心健康的根源，也不能不重視。

六、人生的圓滿必有根源：人生的圓滿，所謂「立功、立德、立言」，是為「三不朽」的成就。人生的圓滿，福祿壽樣樣具備；人生的圓滿，明因果，行慈悲，平順一生，這就是人生的圓滿。

但是這許多成就，必定要有根源；你不勤奮發心，怎麼能立德、立功呢？你不廣結善緣，福利大眾，怎麼會有福祿壽呢？你不慈悲喜捨，怎麼能平安吉祥呢？所以「根源」是人生不能不重視的根本問題。

冤

各位讀者，大家吉祥！

我們經常勸人要忍耐，忍窮、忍難、忍苦、忍餓都還容易忍，忍冤、忍氣就比較辛苦了。人受了冤枉、委屈不能申訴，不能還回清白，實在氣惱。有的人經常不明不白被人怨怪、批評、辱罵，這也是非常痛苦的事。除非你器量很大，功力很高，不計較冤枉，如此即使有冤枉，對你也無可奈何，否則世間上的冤案之多，冤枉的事情可以說人人有之。人生有些什麼冤事呢？

一、冤情：自古以來，民間的冤情之多，我們從戲劇裡可以看到，有的僕人代主鳴冤，有的妻子代夫申冤，有的兒女代父訴冤，甚至有的人代友喊冤。總之一句，都是為了冤情難申，所以含冤叫屈，這種案例，歷史上多不勝數。

二、冤家：一般女子，如果嫁人不當、遇人不淑，大部份都叫男人為「冤家」。冤家者，特地來報冤的，不是為相愛而結合。所以古代多少女子的歌聲，口口聲聲「冤家長、冤家短」，就是怨歎男人薄情，對女性沒有尊重，不夠愛護，讓柔弱無依的女子受到冷落，遭到遺棄，甚至受到虐待，因此他不叫男人冤家，叫什麼呢？

三、冤獄：牢獄雖然是懲罰罪犯的地方，但也是很多蒙冤的人受苦的地方。一般認為，關在牢獄裡的人都是犯了罪，是他罪有應得，

但其實牢獄外面所有的人都沒有犯罪嗎？牢獄裡的人難道沒有被冤枉的嗎？所謂「牢獄之災」，犯罪的人受刑，固然是他應得的災難；蒙冤的人在牢獄裡，也是消災。其實牢獄也不一定指牢房，古代有「畫地為牢」，就是限制自由，所以牢獄者，就是為了限制你的自由，才坐牢獄。我們在牢獄之外東奔西跑的人，難道心裡都自由嗎？都沒有住在心中的牢獄裡嗎？這是值得深思的問題。

四、冤死：法律是公平的，但法律所管轄下的受刑人，所受到的待遇不盡然都是公平的，有時受到冤枉、冤屈，甚至冤死的也很多。有的人覺得，與其受不白之冤，無處申訴，乾脆以死明心，一死了之，讓社會公評，讓輿論公論。也有一些可憐人，因為沒有充分的法律常識，不懂得如何申冤，只有想到以死來抗告。所以法院中負責審案的法官，人命關天，不能輕忽，尤其對於死刑犯，或者有冤情的案子，都要特別審慎。

五、冤業：有的人從小受到委屈，他就號啕大哭，受到冤枉，就賭氣出走；長大以後，反過來加害別人、冤枉別人，卻自以為聰明。其實法院裡，不管勝訴或敗訴的一方，最後都有另外一個冤業在主宰。冤業是怎麼形成的？從這一世來看，好像是不公平的，但是前世、今生、多生以來，冤冤相報。冤業就好像銀行裡的負債，你欠了多少債，該生多少利息，都是絲毫不差的。

業，有別業、共業，有現報業、生報業、後報業。看起來業報是很複雜的，但又絲毫不差。很多受了冤情的苦主，我們只能想，那是往昔的業報現前，因此即使是冤枉的，也總得要受報！

氣

各位讀者，大家吉祥！

「佛靠一爐香，人靠一口氣」，人的作為，一口氣是非常重要的。常聽人說：「只要我有一口氣在，就不怕沒有辦法。」世間上各種行業，那一樣不需要靠「有氣」才有力量，「有氣」才能發展。例如：

一、**戰爭要有士氣**：世界上經常戰爭不斷，地方有地方的戰爭，國家有國家的戰爭，誰勝誰敗，就看誰的士氣旺盛。有的軍隊，裝備精良，糧草充足，可惜士氣不振；有的軍隊已經陷於窮途末路，戰力已經微乎其微，但靠全軍的士氣，可以轉弱為強，轉敗為勝。所以有

士氣就能「眾志成城」，就能完成任務，達成希望。

二、讀書要有志氣：古人讀書，為了學習堯舜禹湯、孔孟老莊；讀書要做人上之人，成就事中之大事。甚至學佛的人，「男兒自有沖天志，不向如來行處行」，他在表彰自己獨立的志氣。所謂「舜何人也，予何人也，有為者亦若是」，世間沒有天生的聖賢，都是苦學出來的。我立志於學，有志者事竟成；立志為官，立志行商，立志於藝，只要有志，何患不能成就。

三、做事要有運氣：有人認為世間一切都是命運所安排，所以做事要有運氣。其實運氣不是操縱在別人手裡，運氣在自己的手中。「自助者人恆助之」，你能勤奮，勤奮就是你的運氣；你能助人，助人就是你的運氣。每一個人的運氣，都要靠自己創造。國有國運，那是團體的業力；家有家道，那是全家的業力。人有運氣，那是個人的心力、毅力、念力、慧力，你的力量愈大，你的運氣就愈好，不必去求籤問卜。若要問自己的運氣在那裡？自己的運氣如何？答案是：運氣就在自己的身邊，運氣就掌握在自己的手中。

四、做人要有骨氣：人的身段是柔軟的，但人的脊骨是堅硬的，做人不但雙肩要能擔當責任，而且脊背要豎直挺立。古來多少人「人窮志不窮」，多少人「打落牙齒和血吞」，多少人「不屈不撓，堅苦奮鬥」，他們就是為了樹立自己的骨氣。陶淵明不為五斗米折腰，就是他的骨氣；梁啟超不為十萬銀元出賣愛國情操，就是他的骨氣。張

自忠在抗戰初期為國殉難，不但表現軍人的志節，而且也表現了他個人的骨氣。過去的讀書人，都重視做人要有骨氣，要有節氣，所謂「路遙知馬力，日久見人心」，每當國家社會處於風雨飄搖之際，能否安然渡過，就看全民如何表現自己的骨氣了。

五、待人要有義氣：氣和力都是自己的，但有時候也要加持給別人，與人共有。就如我們交朋友，同鄉、同事之間，我們要有義氣。有一部電影，片中有這麼一段：哥哥背著殘障的弟弟，有人覺得他每天背得很辛苦，但是哥哥說：「他不重，他是我弟弟！」這就是兄弟的義氣。戰爭時，有一團兵陷入重圍，另一支隊伍想前往營救。有人說太危險了，救不了！營長說：「不管救不救得了，因為他是我的同志，我必須去救他們！」這就是同袍的義氣。見利忘義是小人；做人要有義氣，才能昂首於天地之間，才能與天地的浩然之氣同在。

六、**活著要有勇氣**：這個世界是屬於勇敢的人所擁有，因為我們自出生以來，就要與惡劣的環境奮鬥，不管天氣冷冽、酷熱，我都不能逃避，要與冷熱奮鬥。甚至從小讀書辛苦，要與辛苦奮鬥；就業艱難，要與艱難奮鬥；人情澆薄，要與澆薄奮鬥；世事勢利，要與勢利奮鬥。總之，世事一著棋，都要靠我的勇氣奮鬥，才能堅持到底，才能獲得最後的勝利。懦弱的人，很難在世間立足。

除了以上所說之「氣」，其實世間上的「氣」很多，有穢氣，有臭氣，有邪氣；我們當然不希望被不正之氣所毒害，所以要有正氣，要有義氣，要有好人之氣。有氣的人生，才有真正的生命。

退讓

各位讀者，大家吉祥！

地球是圓的，我們站在地球的半徑上，前面有半個世界，後面也有半個世界。有的人一直向前爭取前面的世界，也有人謙虛、關懷後面的半個世界。不管如何，我們在世界上，要走向前去，必須學會本領。例如，世界的高度並不能容下我們的六尺之軀，所以做人不能心高氣傲，必須要低頭、謙虛、退讓，才能生存。因為前面的世界，只有一道窄門，幾十億的人要往這個窄門裡擠，當然會擠得很辛苦，擠得你死我活，在所難免。

現在，我們要在這個世間生活，祕訣只有一個，那就是「退讓」。退讓的訣竅，至少有如下八個方面可以實施、應用：

一、不急不急，禮讓第一：根據統計，十次車禍九次快，所以在交通安全的規則上，有說：「不急不急，禮讓第一；讓一步路，保百年身。」行車要互相禮讓，尤其對面來車，更要禮讓，否則別說兩車對撞，就是兩車擦撞，都可能車毀人亡。

二、不急不急，安全第一：過去的人在外行船走馬，遇有盜賊出沒，或是洪水急流等危險的地方，總是小心謹慎，所謂「不急不急，安全第一。」人生不在爭取那麼一刻、一時、一次，無論做什麼，人生多的是機會，所以不急不急，你有安全，才有未來。

三、不急不急，謙虛第一：做人處事，遇有利害關係時，不要

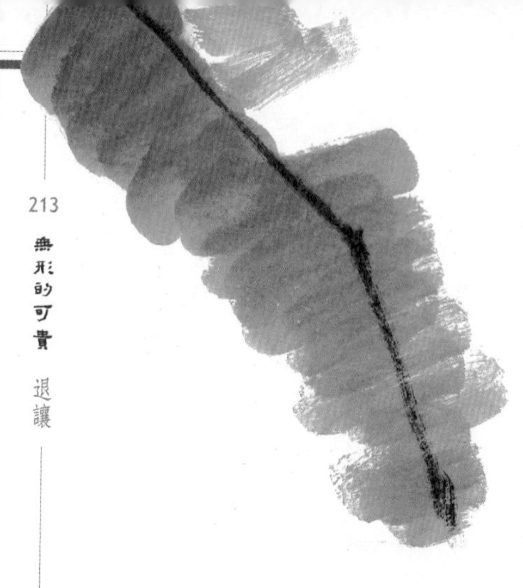

看得太嚴重，各種是非得失，也不必太認真。和人相處，不要凡事計較，不要為了一點小事，就爭得面紅耳赤，彼此劍拔弩張，應該懂得「不急不急，謙虛第一」，只有在適當的時候，謙虛退讓，才能安全。

四、不急不急，守法第一：生活裡，我們希望凡事要快、要順，但有時候守法很重要。例如，蓋房子要申請執照，政府法令要求這裡要加個柱子，那裡要加根棟梁，你要照做，不要為了圖快，反而欲速則不達，所以要「不急不急，守法第一。」

五、不急不急，耐心第一：現代的人出門在外，經常塞車；買個東西，總要排隊，這時都要耐心等候，不能著急。甚至打個電話，叫商店外送餐飲，再怎麼快，都要時間，你不能著急，所以「不急不急」，你要有耐心，才是第一。

六、不急不急，大衆第一：世界不是我一個人的，還有社會大眾。做任何事，我希望捷足先登，別人也要快一點達到目的，我要即刻完成，別人也希望加速成功。有時候，我們和大眾走在人生的同一條路上，只有謙讓，別人才會對你有好感。尤其在人群裡，唯有「不急不急，大眾第一」，才能相安無事。

七、不急不急，婦孺第一：過馬路時，要禮讓老弱婦孺，坐公車時，也要讓座給老弱婦孺，乃至有吃的、用的，都要老弱婦孺優先。我們能從尊重老弱婦孺，凡事「不急不急，婦孺第一」，繼而養成以「別人第一」的性格，在社會上創業，就容易成功。

八、不急不急，倫理第一：人與人相處，要懂得尊重倫理關係。例如，吃飯時，長輩父母先吃；坐位子時，師長前輩先坐。凡是有什麼優待的機會，都能尊重倫理，不踰越分際；懂得「不急不急，倫理第一」，這是做人的根本。

總上所說，不急不急，和諧第一；不急不急，和平第一。如果我們的生命，能因「不急不急」而得到安全保障；只要能多活一天、一年，就可以多做許多事，何必急於一時呢？如果為爭取分秒而失去一生，多麼划不來啊！

病的價值

各位讀者，大家吉祥！

人會生病，病了就需要醫治，所以因病發展出醫藥、醫師、醫院、護理站，以及各種醫療儀器等。全世界每天都有很多人在生病，也有很多人在為病人而忙。

人病了，經過醫治之後可能會康復，但也有人一病不起，一命嗚呼。病雖然帶給人負面的痛苦，但也有正面的啟示功用，例如：

一、病能讓人知道保健：一個健康的人，平時不太感覺保健的重要，如果偶爾生個病，就會知道人需要保健。保健之道，生活作息正常、三餐飲食均衡、工作忙閒有度、心裡情緒正常，都是保健之道。

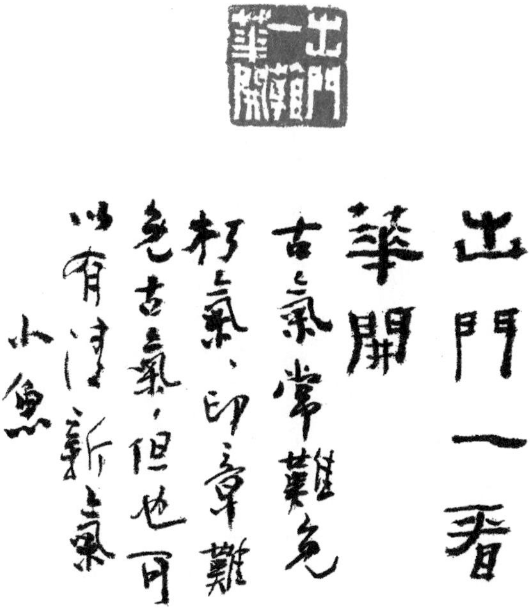

出門一看

華開

出門一看華開

古氣常難免朽氣、印章難免古氣，但也可以有清新氣

小魚

因為一次小病，讓人知道保健之重要，病未嘗不是一件好事。

二、病能讓人忍耐勇敢：

病像個枷鎖，束縛人的身體，病使人無力、使人萎靡、使人生活不便；但是病也讓人生起了忍耐的勇氣。病了，你必須忍受病的折磨，必須放下沉重的工作，必須相信醫生的治療。病了，就由不得你自己，什麼能吃，什麼不能吃，都由不得你，必須要忍耐。甚至生活作息，也要聽從醫師囑咐，不能隨心所欲。一場小病，不但養成自己忍耐的力量，也會增加自己的勇氣，因為病了就要勇敢的面對病魔的要脅，才有更健康的人生。

三、病能讓人生起道心：佛經說，修行的宗教人士，生了病之後，更知道要發道心。因為人一旦病了，他會體會世間無常、人命脆弱，想做的事，應該趕快完成。人不但為現在的生活而忙，更要為未來做一些安排、打算。所以，病了反而容易激發人精進向善、向道的思惟、看法。

四、病能讓人看透人生：人在健康的時候，看到的是金錢重要、愛情重要、名位重要、權勢重要，眼裡所看的都是世間的榮華富貴。但是一旦病了，看法就會有所不同。病了看到的是人生何去何從？看到的是人生的過去和未來。病了之後，不但看到自己，而且看到所有的親朋好友，看到一切的因緣。病也能讓人參透人生的種種。

五、病能讓人珍惜生命：一般人平時不知道身體健康的重要，病了不但知道珍惜身體，更珍惜生命。每個人的生命都是寶貴的，所謂「寧在世上捱，也不在土裡埋」。人可以維護自己的生命，就是對生命的尊重，就是對生命的慈悲，就是對生命的珍惜，那是有益於人間社會的大事。

六、病能讓人審思未來：病了的人，經常讓他掛念的問題，就是我的病會不會好？病，只要有適當的醫療，當然會好。但是病了又會想到，假如不好，我的未來怎麼辦呢？遺產、遺願，各種的問題如何善了？甚至人生未來到那裡去呢？人能審思未來，就必須珍惜現在，能把「當下」完成，又何懼於沒有「未來」呢！

破

各位讀者，大家吉祥！

「破」，是一個很不好的字眼。碗打破了，衣服撕破了，甚至於破功、破產，破壞人我關係、破壞美好形象等。人都希望完整，不希望破碎，但是有人形容，人生是一個破碎的夢。其實，仔細研究起來，「破」不見得全然不好，破也有破的好處，例如：

一、破土開工：大樓、橋梁、馬路，在興建之前，都需要破土開工，希望求個吉利。因此，先有破土，然後才有更高、更好的建設。

二、破題明旨：寫文章的人，下筆先要破題。一篇文章立的是什麼題目，一開始就要切題發揮，就好像車行總有它的軌道。文章依題發揮，自然能完成自己作文的旨趣。

三、破冰之旅：海峽兩岸，辜汪會談，就是破冰之旅。所謂「冰凍三尺，非一日之寒」，凡事久不來往，一旦有心修好，儘管還有顧慮，但能不計危險，勇敢前往，都是值得讚歎的破冰之旅。

四、破財消災：有的人錢財被倒閉，被小偷竊取，被金光黨騙了，也不必傷心難過，你可以想這是「破財消災」。你想到自己還能有錢被人偷、被人騙、被人倒閉，還是值得慶幸；對方淪落為小偷、騙子，倒人錢財，這才是可憐的不幸者。

五、破相重整：有的人臉上被人打得鼻青臉腫，甚至破了皮、毀了容，就為「破相」而對人生絕望。其實，衣服破了可以修補，桌椅壞了

可以修補；面相破壞了，也可以修整。現在不少年輕女士，本來是很端莊清秀的面孔，她為了要更漂亮而整容；假如你破了相，有機會重整面容，還是不幸中之大幸，不必為此罣礙。

六、破了紀錄：現在世界上各種體育運動，都以打破紀錄為榮，很多國家的金牌選手，更是努力為自己的國家爭取成績，一旦打破了世界紀錄，身掛金牌，可以說風光一時。

另外，有些青年在高中時期便發明各種科技產品，打破青年創業的紀錄；一些寫文章的人，一生寫了千萬言，也破了人生的紀錄。旅行家走了多少國家，也可以打破紀錄；探險隊探險過多少地方，也可以打破記錄；醫生一天看了多少病人，救了多少人命，也打破了紀錄。甚至有些人瑞活了一百幾十歲，他也破了紀錄，所以人生在時空裡，有待我們努力去發展。

打破紀錄，人人有份，即使不能打破世界紀錄，能夠打破城市、鄉村、家族、國家的紀錄，也算很了不起了。

七、破除黑暗：黑暗是可怕的，光明是可愛的。鄉村的暗路上，裝了一盞電燈，照亮了夜歸人回家的路。當初我們的遠祖燧人氏發明鑽木取火，才使人類走出蠻荒，可見破除黑暗的可貴。

八、破除迷信：世間有很多的宗教，利用迷信愚弄信徒，以遂其私心貪欲；但也有的宗教，努力「去邪顯正」，破除迷信。當初民智未開，人民逢到什麼都拜，石頭很大，就奉為「石頭公」來拜；樹木很久，就當成「大樹公」膜拜。人類從迷信自然的信仰，進而迷信神鬼，迷信時辰地理；假如能破除迷信，從迷信裡解脫出來，還給人類的尊嚴、智慧。破，又有什麼不好呢！

秘訣

各位讀者，大家吉祥！

世間事，大大小小都有它成功的秘訣與失敗的原因。巴黎的服裝設計師，設計一款服裝的報酬，勝過一般人的年薪以上，原因是他有自己獨特的設計風格；一流廚師煮出來的菜，同樣的材料，但口味和三流廚師不同，因為他有自己煮菜的秘訣。

孔子曾說：我不如老圃，我不如老農；可見老圃、老農有他們的秘訣。過去的武林人物，為了找尋武功的秘訣，千山萬水，萬水千山，不惜喪生失命，也要找到武功的秘訣，可見「秘訣」對一個人學習技術，至為重要。

其實，秘訣不是死的處方，秘訣在於自己肯下功夫，精益求精，當自己能心領神會，掌握要點，達到出神入化之境，就成為自己獨特的秘訣。因此，所謂「秘訣」者，例如：

一、熟練的秘訣是磨練：體育場上的競技，教練把跳高、跳遠等秘訣，傾囊相授，希望運動員能出人頭地。瑞士鐘錶名聞世界，他們製造的秘訣，也是代代傳承。所謂「秘訣」，就是自己確實下過功夫磨練，你不肯下功夫，即使給你秘訣也不是秘訣；如果你勤下功夫磨練，自然熟能生巧，如此不是秘訣都能找出裡面的奧秘來。所以「秘訣」者，都是前人花功夫磨練出來的竅門。

二、深入的秘訣是投入：市面上一些老牌的產品，如虎標萬金油，就是靠它的秘訣，別人學不去。另外，綠油精、白花油、青草油、五分珠、足爽藥膏等，如果沒有多年的投入研究，如何深入其奧妙？所以，我們看電視上的各種產品廣告，不但在宣傳上投入巨資，在技術上也是花費多年的時間試驗；如果沒有投入，就無法深入，沒有深入，就沒有精良的產品，就不能被大眾所接受，也就無法普遍通行了。

三、傑出的秘訣是付出：日本豐田汽車風行世界多年，一般人只看到他的成功，沒有看到創業者當初付出多少的心血，找了多少技術人員日夜研究，所以今日TOYOTA汽車能征服美國市場。同樣是日本，松下幸之助的電器業，我們看他的電子零件，即使是一條保險絲，一個螺絲釘，都是經過精心設計。因為他們培養不少科技人員，在幕後深入研究的付出，因此才有傑出的產品問世。

四、成功的秘訣是用功：任何事業的成功，都不是一蹴可及。茶葉、咖啡可以當成飲料，這不是一夕之間發明的，而是經過幾代人士的嘗試、經驗，費心研發的結果。甚至到了現在，他們還在不斷的用心改良、革新，所以才能成功。

一百多年來的飛機，不知道經過幾代人的研發、更新，才能從螺旋槳，而到噴射客機、七四七，甚至到了現在的超音速客機。如果沒有相當的用功，如何能成功呢？

總之，一個事業的成功，要靠業主的用功；一個人的傑出，也要靠自己付出。世間上沒有白吃的午餐，世界上也沒有不用功而能成功的案例。所以，用功、用力、用心、用智，是成功的秘訣；再加上資本、人緣，以及肯犧牲奉獻的精神，才能品嘗到成功而傑出的果實。

衰頹

各位讀者，大家吉祥！

世間上，物有成住壞空，人有生老病死。一棟高樓大廈，因為缺乏保養修繕，一段時期後就會傾頹敗壞。同樣的，人的身體如果不愛惜保養，也會提早衰老，甚至死亡。

世間萬法，興盛衰頹都各有因緣，茲述如下：

一、浪費使經濟衰困：經濟是國家的命脈之所繫，所謂「富強」的國家，先要厚實經濟，民富而後才能強國，所以現在世界上的國家，有富強的小國，也有衰落的大國。造成國家經濟衰困的

原因很多，「浪費能源」是因素之一。就像一個人，如果財務收支不懂得「量入為出」，浪費無度，用之不當，就算是擁有萬貫家財，也有用罄的一天，所以浪費是造成國家經濟衰困的重要原因。

二、自私使道德衰敗：人性都有自私的一面，所以人要克制自己的私欲，如果不克制自私，公有的道德觀念必定會衰敗。一個人到了道德衰敗的時候，什麼忠孝仁愛，什麼信義和平，什麼禮義廉恥，乃至佛教的五戒十善、四無量心等，都會因為自私而使道德蕩然無存。

三、講利使仁義衰微：在三千年前，孟子就已經說過：一個國家如果上下交征利，則國家危矣！同樣的，個人如果都是以利為出發點，斤斤計較於小利，則此人的仁義美德必然不會擴大。人類所以偉大者，必然不是一個專講利害的生命，他的生命裡必然蘊藏著很多美好的內涵，例如講信重義等。假如一個人對家人都以利害為重，對朋友也只計較利害，則此人的仁義之心必然會迅速衰微。

四、言多使氣力衰弱：人有各種性格的不同，有極少數的人不愛說話，但有絕大多數的人喜歡放言高論。「言多」不但「必失」，而且言多傷身，說話太多會使氣力衰弱。我們看到有一些老教授，在課堂上連續上了二堂課，下來後就跌坐在沙發上，像鬥敗的公雞；即使年輕人身強力壯，一席講演後也會感到身乏無力。所以，做人不要好發議論，不要好與人辯，少言不但少禍，而且可以保身。

五、奢侈使福報衰竭：每個人的福報，就像銀行裡的存款，如果不懂得節制，生活奢侈，浪費無度，再多的存款也經不起透支。同樣的，人生銀行裡的福報如果浪費過度，最後就如天人「五衰相現」，福報沒有了，人生就會苦不堪言。

六、吝嗇使人緣衰退：人在社會上立身處世，不管你是從政，還是經商，乃至務農之家，或是一般的上班族，都要靠人緣為重。如果你做人太過吝嗇，不結人緣，當然就會沒有人緣。再高大的樹木花草，也要和風細雨助其成長，再廣闊的江湖河海，也要靠涓涓細流的充實，才能成其大。假如一個人吝嗇沒有人緣，人生也難有好的際遇，那麼前途發展也就可想而知了。所以，人生要想有所成就，不能不多多的與人結緣。

迷失

各位讀者，大家吉祥！

「迷失」是人生最感傷的遭遇，迷失了前途，就沒有前進的力量；迷失了回家的道路，成為流浪漢，就會痛苦不堪。世間上的人，為了迷失，帶給自己許多痛苦。迷失了寶藏，迷失了本性，迷失了良心，迷失了向上的力量。很多人醉生夢死，很多人自暴自棄，都是因為迷失。迷失了國家的人，就不知道愛國，甚至成為漢奸走狗；迷失了道義的人，往往只看到利害，不知道義的價值。對朋友迷失了友誼，對工作迷失了責任；有的人騎驢尋驢，有的人帶著眼鏡找眼鏡，這不都是迷失的後果嗎？

其實，世間上迷失什麼都不是太重要，迷失了自己才是最可惜的事。關於「迷失」，略述如下：

一、迷失了良知：

一個人遺失了金錢，丟掉了物品，都不是最嚴重的事，最要緊的是不能迷失良知。一個人縱使把身邊所有東西都遺失了，只要能保有一點良知，最後必定還是會有辦法。等於一

棵草木，只要根部厚實，就會「春風吹又生」。《法華經》中有「懷珠作丐」的故事，說明有寶反窮，這是最大的愚癡！假如本諸自己的良知，發揮自己的良知，使良知成為自己的力量與希望，有良知，就能找回自己。

二、迷失了友誼：有的人交朋友，跟甲交往許久，認為甲不夠道義，不肯為朋友犧牲奉獻。有的人交朋友，不要多久，他也怪朋友諸多不是，不能見義勇為，最後失去了所有的朋友。其實，道義、奉獻等美德，是要求自己，不是用來要求朋友的。一個迷失自己的人，才會怨天尤人，實在可惜。

三、迷失了天真：人不能太世故，要保留一些天真。一個人如果迷失了天真，凡事不講厚道、仁慈；人沒有天真作背景，就如兒童沒有天真，也難獲父母的喜愛。佛菩薩有時在度眾生時，不是遊戲人間，只是不失天真而已。

四、迷失了道義：有的人只認識人與人之間的利害，利害關係之外，他不知道還有道義。你把人比作秦檜、魏忠賢，比為紂桀、幽王，人所不喜；把人比作失敗的孔明、劉玄德，人反歡喜，其分別就在有道義、沒有道義而已。人可以沒有金錢，甚至可以沒有學問、沒有能力，但不能沒有一點道義。

五、迷失了信心：信心就是力量，失去了信心，就沒有力量。信心就是我們的財富，失去信心，就等於失去了財富。我對國家有信心，我就有國家的存在；我對道德有信心，道德就成為我的希望。我對未來有信心，我就有了方向；我對因果有信心，我就不會怨天尤人。所以，一個人什麼都可以迷失，我們的良知、友誼、道義，信心，千萬不能失去。

專家

各位讀者，大家吉祥！

社會上，凡是在學術上，乃至百工技藝等方面有專門研究或特長的人，都可稱為「專家」。一個人能被人稱為專家，就能為人所尊敬，所以大家莫不孜孜不倦的研究，希望自己能成為經濟學家、農業專家、水利專家、教育專家、外交專家、談判專家等。

關於「專家」的條件，略述如下：

一、學有專門的人：做學問能一門深入，舉凡對文學、哲學、科學、歷史等學科，甚至對兒童、青年、婦女，乃至經濟、環保、教育等領域，都有專門研究、專業論述的人，就可以成為專家學者。學有專門的專家，遠古的不談，就說民國以來，錢穆、唐君毅、牟宗三、方東美、錢鍾書等，稱得上是文史哲的專家。另外，經濟學方面，孫運璿、李國鼎、尹仲容、高希均等，都是此中佼佼者。其他如藝術界的黃君璧、張大千、傅心畬，報業界的王惕吾、余紀忠，乃至榮獲諾貝爾獎的李政道、楊振寧、丁肇中、朱棣文、李遠哲、高行健等，甚至刑案鑑定權威李昌鈺，都是值得尊崇、讚美的專家。

二、技有專長的人：除了學術專家以外，現在技術救國，各種技術的發展，都能帶動國家的繁榮，提升國家的地位。例如台灣的電腦研發，一度執世界之牛耳；台灣的加工出口業興盛一時，各種產品代工都成為世界的模範。談到技術專家，塑膠業的王永慶、

電子業的張忠謀、化工業的許文龍、電腦界的林百里等，都是企業界知名的龍頭老大。其他各行各業，如農產品的接枝改良，水產、畜牧業的技術進步等，因為有許多的技術專家，使中國人的科學研究、技術應用，都能受到世界重視。尤其中國近年來長江三峽的大霸工程、青藏鐵路的建築技術，以及人造衛星航天科學技術的研發，都讓舉世刮目相看。

三、著有專攻的人：俗語說：「化當代莫若口，傳來世莫若書」，中國的四書、五經、十三經，甚至四大才子書、六大才子書等，都是中國人引以為傲的文化資產。乃至近代查良鏞（金庸）的武俠小說，柏楊、高陽、黎東方、唐德剛等人的歷史專著，以及歐陽競無、章太炎、湯用彤、呂秋逸、太虛大師、印順大師等人的佛學著作等，都是人類智慧的精華，因為他們著有專攻，使得學術界百花綻放，花香滿人間。其實中國的奇才異士，各種著作之多，如果到中央圖書館，或是上海書城一看，真是令人瞠目咋舌。以上只是列舉一二，由此可見一斑。

四、見有專精的人：我們的社會，有許多所謂「意見領袖」，他們的思想、見解、觀點，都能引領時代的思潮，影響社會的發展。例如毛澤東、陳獨秀、梁漱溟、胡適之、左舜生、雷嘯吟、馬寅初等，這許多思想家、著作家、評論家、意見家，他們的思想、言論，如火花般閃耀萬丈光芒，他們都是中華兒女的頂尖人物。可惜因篇幅有限，只能點到為止，難免掛一漏萬。不過可以肯定的是，我們的國家，各行各業都有專家，專家多了，這是社會進步的好現象。因為站在專家的立場，對其專門研究的領域，所知總會高人一等，所以能被全民引為參考，成為知識的來源，實在是值得慶賀、讚美的好事。

患難之交

各位讀者，大家吉祥！

「相識滿天下，知音有幾人？」一般人總是慨歎交不到知心的朋友。的確，知音難尋，人生能得一知己，終生無憾矣！但是，交朋友不是單方面的事，必須雙方心意相通，如果一方有心，一方無意，就交不成朋友；一方貧窮，一方富有，友情也會飽受考驗。朋友相交，能夠患難與共，生死不易，才能見出真情，才值得歌頌。茲將「患難之交」，略說如下：

一、貧窮不棄：所謂「一貧一富，即知交態」。朋友相交，有時候對方富有，不嫌棄自己貧窮；或者自己的志氣、學問、能力，讓對方願意紆尊下交；或者本來大家一樣富有，但是世道無常，有一方忽然遭遇不幸，家道中落，貧窮不能自存。這時另一方不因貧窮見棄，一再輸困救助，以助其東山再起，這就是最為難能可貴的患難之交了。

二、苦難不離：朋友之交，所謂「患難見真情」。當朋友貧窮之時，富有的一方有能力，也願意救濟，固然可貴；如果朋友落難、失意的時候，例如聯考落榜、情場失意、受人陷害等等。在人生遭逢苦難之際，有個知心朋友，真心耐煩的陪伴在旁，聆聽傾訴，給予關心、鼓勵、打氣，這也是人生最值得感恩的事。

三、誤會不移：朋友之間，相互信賴是友誼永固的重要因素；假如彼此信賴不夠，時而懷疑，時而誤會，則交情就難以持久了。人與人之間，絕對的信任不容易。曾子的母親在家紡織，有人上門告之曰：「你的兒子殺人了！」她一點也不相信，絲毫不為所動。過一會兒，又有人來說：「你兒子在某某地方殺人了！」她說：「不會啦，不要聽信謠言。」第三次又有人來說：「你兒子殺了某人！」她不禁信心動搖，問道：「真的嗎？」所以誤會的造成，就是經不起謠言的考驗，謠言說了多次，也會變成真理。

所謂「以訛傳訛」，多年的友誼，經過多次的患難相扶持，但是誤會、謠言的離間，還是不容易通過考驗，但正因為不容易，所以才更顯得寶貴。

四、蒙冤不捨：朋友之交，所謂「友直、友諒、友多聞」。但是有的朋友，經不起別人的挑撥離間，也經不起人生路上的種種考驗。所謂「世事無常」，人生道上，不可能一路平順，難免有坎坷、曲折，有時候是政治上的誣陷，有時候是商場上經濟受到拖累，甚至有時候會受到壞人的陷害，蒙受不白之冤。這時候朋友應該給予協助，幫他洗刷冤屈，但是有的朋友不但不幫忙昭雪冤屈，反而聽信謠言，甚至落井下石，這就不能成為患難之交了。

在《佛說孛經》裡說，壞的朋友有兩種，一種是「如花」的朋友，當你美麗時，他把你插在頭上，當你枯萎了，就把你委棄於地。還有一種「如秤」的朋友，你輕，他傲慢昂首，你重，他低頭隨侍。另外，好的朋友也有兩種，一種是「如山」般讓鳥獸群集，一種則「如地」般任一切眾生依附生存。所以，患難之交的朋友，也要經過一些時間的考驗，才能見真章。

探索

各位讀者，大家吉祥！

人經常對自身產生許多疑問，需要探索，對學問也有許多不了解，需要探索，尤其對宇宙人生有諸多迷惑，更需要探索。有探索追求的人生，才有深遠的目標，才會發掘人生的興趣；不知道探索，渾渾噩噩，被世間、他人牽著鼻子走，甚為可憐。

說到探索，我們要探索一些什麼呢？

一、探索自然界：現在的科學，即使發展到了今日，還是有許多自然界之謎，需要許多人去探索。探索太空、探索海洋、探索高山，透過探索，解開自然界之謎，把探索所得貢獻給未來的人類。例如，探索颱風形成的原因，能防範風災於未然，不是可以減少很多災害嗎？探索地震、了解震央、震源，不是可以減少很多災害嗎？火山為什麼會爆發？地球為什麼會暖化？大海裡還有些什麼寶藏？尤其外太空的星球，沸沸揚揚的外星人，到今天還不知所以然。外太空的星球究竟有沒有生命？兩千多年前釋迦牟尼佛說出「三千大千世界」，說出「佛國淨土」的種種情況，現在就有待科學家來給予證明了。

二、探索學術界：現在世間的學問，研究成果輝煌，自然科學、人文科學，甚至五千萬年前人類的生命從那裡來？生命究竟是怎麼起源的，佛陀把生命的起源、生命的還滅，理論

上都有一些說明，事相上還需要科學家來給予一一探索，加以追究。六千五百萬年前恐龍為什麼會絕跡？現在的電腦繼續發展下去，未來會取代人腦嗎？人類怎樣才能登陸星球？甚至人類和其他星際要如何交往？人類對歷史的考證、對古今演變的研究，在在都需要探索。

三、探索陰陽界：白天、夜晚，晝夜稱為陰陽，但實際上是生死。一般所謂「陰陽兩隔」，生從那裡來，死到何處去？「何處」是指那裡——陰陽界。陽界我們可以體會得到，陰界究竟在那裡呢？「陰陽」的世界佛法能明白，但是因為人有五陰覆蓋，所以有「隔陰之迷」。不過，人類對陰陽的認識，難道只讓「十殿閻君」來表示陰間的情況嗎？這在科學上或宗教界必定還有另外的探討。人類對陽界的探討很多，陰界的探討幾乎沒有成果，所以能把陰陽都能探索清楚，也是一大貢獻，就如同明白生死大事一樣的重要。

四、探索心靈界：我們的心靈世界深不可測、廣不可知，佛教描述心靈世界的經典，為數很多。唯識學所講的唯心問題，自成一宗，現在學者據此發展成為佛教心理學。但我們希望有人能將佛教唯心理論，和當今的唯物論、唯人論，加以綜合研究，給以分析歸納，讓一般大眾都能容易了解。

我們知道，自古以來人類對於心、生命、世界、業力、神力，都做過不少研究，但現在需要的是，能給全民淺顯易懂的知識。就如同飛機可以上天，潛艇可以下海，冷氣能把空氣變冷，暖氣能讓室內溫暖，就這麼簡單自然。探索的目標，需要如此去完成。

理

各位讀者，大家吉祥！

世間上多數的人都喜歡講理，所謂「有理走遍天下，無理寸步難行」。講理本來是好事，但現在一些年輕人，不明理而執理，甚至歪理太多，因此「理」也為人所垢病。

理，是一個法則，佛教講「理」，認為理要能擺到檯面上來講，才有公評。理，必然是超越時空的，不管在那裡都是一樣，不管在什麼時間，也是不變。理也不分你我、貧富、貴賤，道理是很平等、公平的，就像「因果」的道理，他是符合必然性、本來性、普遍性、永恆性的法則，而不是你強辭奪理，或是你善於狡辯就有理。現在試論

各種道「理」如下：

一、從地理到天理：天有天理，地有地理，所謂「天理」，四時的風調雨順、日月星辰的正常運轉，總有一定的法則。就算天威難測，時而有一些災禍，也是從自然而來，所以不能怨怪老天不公，只能慨歎自己命運不好。至於「地理」，地當然也有「地理」，只是地理並不是一般所謂「左青龍、右白虎」，也無關「方位」、「風水」。我們看，同一條街道上的商店，有的生意興隆而發大財，有的經營不善而倒閉，你能怪地理風水不好嗎？

二、從情理到人理：人是最喜歡講理的動物，不過人理都是站在人的立場，甚至從自我的立場來講。理，應該是從「人我互換」的立場來講，彼此要能取得公平，才能算理。現在人有時候對理的不認識，總喜歡講情理，講私理，護歪理；理不是要求別人，而是要求自己。人間的道理固然包含了人情關係，但是理是理、情是情，理是正當的，情是附加的；只要合理，附加的情應該多少，就不能一概而論了。

三、從物理到事理：天理、地理、人理、情理之外，還有物理和事理。大學教育中，把物理當成一門專門學科來研究；社會上多少科學家發明世間萬物，替萬物解開多少密碼，舉凡山河大地、樹木花草、土地微塵，那一物沒有理呢？人類因為通達了物理，故能在生活中得到許多方便。不過，人從物理中，進而還要了解事理，每一件事的發生，不能只論其結果，凡事必有其因。這件事做不成功，必定因

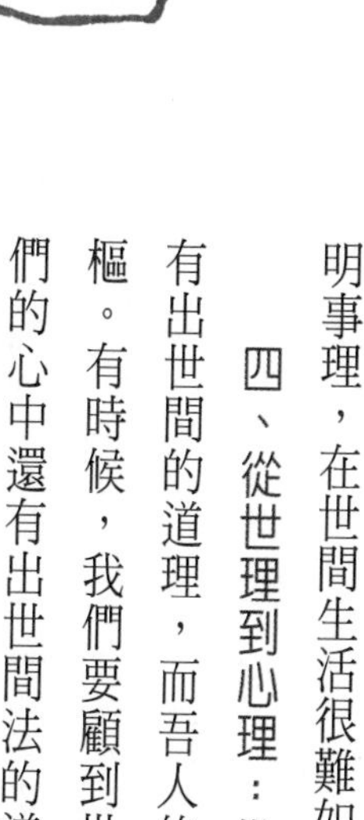

緣不具；那件事進行十分順利，必定是因緣和合了。所以，兒童從小讀書，一開始就要教他明白事理；不明事理，在世間生活很難如意。

四、從世理到心理：世間有世間的道理，出世間有出世間的道理，而吾人的心，即為世出、世間的中樞。有時候，我們要顧到世間法的道理；有時候，我們的心中還有出世間法的道理。所以《大乘起信論》講「一心開二門」：心生滅門、心真如門；唯識家講「三界唯心，萬法唯識。」心理，必定是十度空間最高、最究竟的道理。

五、從法理到佛理：法理有法則，甚至一切法都有理則，即使是世間法律，也有公平、公正的理則，

所以懂法理的人，很容易通達佛理。所謂「佛理」，人有人理、天有天理、聲聞有聲聞之理、緣覺有緣覺之理、菩薩有菩薩之理，「五乘佛法」各有理則。佛理說明世間是「一心法界」，因為我們的心有「十法界」，有「百界千如」，世間是事事相通，理理共鳴的。

六、從道理到真理：世間上什麼最有理？「道」最有理！但道理不是一個人的，是大家的；道理也不是一時的，是永世的。道理不是一方的，是十方法界的；有道理，才能與真理相通，才能與佛理共鳴。所以「佛光普照」，是乃「佛佛道同」、「光光無礙」也。

你要明理嗎？明理當明真理！明理當明佛理！

無形的可貴

各位讀者，大家吉祥！

世間上的人，都以看得到的東西，只要是真的、美的、雅的、少的，就覺得無比可貴。其實，更可貴的東西，是看不到的，所以無形的東西，才更寶貴，例如：

一、精神：我們看一個人，除了身材高矮胖瘦、五官輪廓美醜以外，尤其這個人有無精進、忍耐、慈悲、智慧，乃至大勇、大力、大無畏的道德精神，更是重要。精神雖然無形無狀，但是他充滿十方，普遍法界。一個偉大的人物，有形的七尺之軀，都是有限的；無形的精神，才是無比可貴。

二、**愛心**：「愛」是無形的，你愛父母嗎？你愛妻子兒女嗎？你愛國家、社會、人類嗎？有愛！你能把愛拿出來給人看嗎？剝開全身的骨肉、血液、細胞，想要找到愛，那是不可能的。但明明人人有愛，只是大愛、小愛、私愛、執愛，各有不同。愛是無形的，卻又是真實的；吾人因為知道愛的可貴，所以更要提倡愛心、真心。純潔的真愛，世間一切難以比擬。

三、**智慧**：科學家、哲學家，和一般普通人站在一起，有分別嗎？沒有！一樣是一雙眼睛，一對耳朵，兩個鼻孔，一張嘴巴，兩手兩腳，也都是血肉之軀。但是，隱藏在他腦海中、心靈上的智慧，無色無味，但他對人的影響，可大著呢！

一句智慧的話，能使衰微的國家轉為強盛，一個智慧的計策，能使戰場上的軍隊轉敗為勝。牛頓看到蘋果掉落地上，他知道有地心引力；富蘭克林放風箏，發現宇宙中有雷電。伽利略發現地球是圓的，地球是會動的，在當時連天主教的大主教、大神父，都還茫然無知。達爾文看到生物互相殘殺，於是說出了「物競天擇，適者生存」的宣言。中國的諸子百家，都是智慧不凡，中國的文學家，尤其描寫人性之美。只是七尺之軀，他們的智慧能知世間的無限，不禁令人頓首讚歎。

四、慈悲：慈悲是什麼？慈悲不是口說，而是要去實踐的。佛陀「割肉餵鷹，捨身飼虎」，這種慈悲是從無形而到有形。佛陀的慈悲願力有多大？可以包容虛空，所以《華嚴經》說：「若人欲識佛境界，當淨其意如虛空。」

五、空氣：空氣是什麼樣子？有人說，空氣很清，有人覺得空氣很濁。當你看到空氣很清、很濁，那也不是空氣的本來面目。真正的空氣，無形無色，只可以用「空」來形容。以容器來說，長短方圓，空氣都會隨之而長短方圓；大小多少，空氣也是隨著大小多少。甚至你說空氣遍滿虛空，「空」與「氣」是相等並論的，所以說空氣愈無形，就愈偉大。

六、器度：俗語說：「宰相肚裡能撐船」，器度不小！但是諸佛菩薩的器度，能包容天地，更是非凡。一個人的器度有多大，就能包容多大。但是每個人的器度是看不出來的，有的人愛自己的親人都愛得不全，有的人能愛自己的仇敵，所以無形的器度，也要靠我們無限的去增長。

在家庭裡，父母愛兒女，有的是有形的，有的是無形的；兒女孝順父母，也有有形的、無形的孝順。有的人對世間的貢獻是看得到的，有的是無形的看不到。看似小的、無形的，卻能發揮無比的力

如苔似玉
不方正中
實方正
小魚

量。例如一句無形的好話，別人聽了以後，可能因此受到鼓舞，加倍努力用功，而能成就偉大的事業。所以吾人在待人處事、言行舉止上，無形中都能發揮很大的影響力，不能不謹之慎之。

理則

各位讀者，大家吉祥！

孟子說：「不依規矩，不成方圓。」數學上的三角、圓形、方形等幾何圖形，都要用圓規矩度去畫，才有標準。

畫圖要用規矩，做人也有做人的規矩，甚至動物也有動物的規矩，宇宙間日月星辰、寒來暑往的運轉，都有一定的規矩。規矩就是原則，就是秩序；有原則，有秩序，大家互不侵犯，才能相安無事。如果大家都不講理則、規矩，所謂「無法無度」，那就是失序的開始，必然天下大亂。世間有些什麼應該共遵的理則呢？

一、有理才能服人：一個人講話有理，行事有理，有理才能服人。理是公平的，不能只站在某一方，理是各方平等對待的。在貧富之間，理通於貧富；在男女之間，理通於男女；在老幼之間，理通於老幼。甚至道理不是聰明人才有，理通於智愚。有理，天下人尊崇，無理，到處行不通。不只人際之間有理，所謂天有天理，地有地理，物有物理，心有心理，情有情理，事有事理，世間怎麼能說沒有理呢？

二、順理才能成章：理要平、要公，還要順，尤其寫文章，順理才能成章。一篇文章，起承轉合，開頭如何破題，中間要鋪陳一些什麼道理，最後如何總結，都要理路清楚，邏輯縝密，前後一氣呵成。如果文不通、理不順，就不能成章，就無法被公眾所認可，也就無法

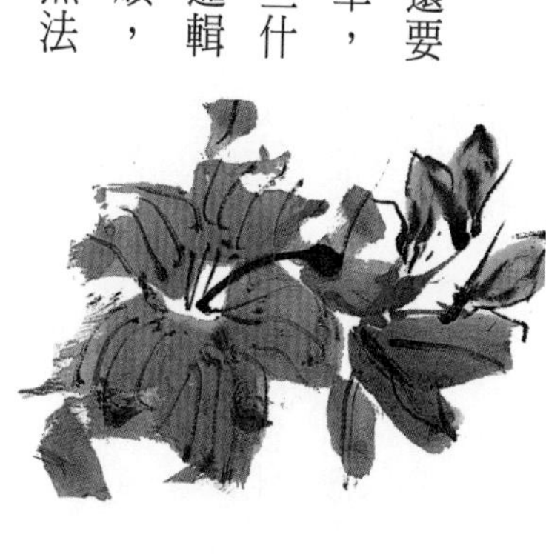

成為一篇好文章，所以順理才能成章。甚至就是講演，也要講得頭頭是道，有理有據，如果語無倫次，顛三倒四，讓人覺得不知所云，就是失敗的講演。

三、據理才能力爭：在社會上，有很多不公平的事，不合理的事。金錢被人倒閉了，物質被人侵佔了，感情受人欺騙了，時間被人耗費了，總之，自己受了委屈，自己受了欺負，自己吃了虧，所以就想據理力爭。過去中國人，可以請出家族之長來處理，可以請宗親、父老來評理，甚至到土地公、城隍廟前賭咒、發誓。現代人則是到法院按鈴申告。法院還有地方法院、高等法院、最高法院；一些重大案件，經過法官一審、二審、三審定讞，總會還給你一個公道。不過據理力爭，光是有理還不夠，理的附帶條件要合法，要有據，證據、合法皆齊，你的理才能站得住腳。

四、契理才能弘道：在佛教裡，重視講經說法、弘法傳道。但是講經弘道，不但要契機，更重要的是要契理。今天這一場說法，數百聽眾當中，男女老少，各界人士，各種層次，你的言論不但要契合他們的根機，要能觀機逗教，尤其要契合真理。佛法的三皈五戒、三法印、八正道、四諦、十二因緣、四攝、六度等，所謂談事論理，十二部經都可以講，但是你的言論不能超越經律論的理則之外。一場弘法大會，如果只注重契機，大家喜歡談些馬路新聞、社會八卦，與做人處事，與修行辦道完全沒有關連，如此就算契機，但不能契理，也是違背佛法。所以講話說法，要讓每個人都能如沐春風，如醍醐灌頂，能夠契理契機，才算達到弘法傳道的目標。

理則就是原理法則，凡事合乎理則才能讓人認同，做人遵守理則，才能立足天地之間。理則可不重乎！

衆

各位讀者，大家吉祥！

《漢書》說：「三人為眾」。其實「眾」就是「多」的意思，所謂眾望所歸、眾擎易舉、眾星拱月、眾流歸海。世間上任何事業，都要靠「眾」成就，眾人團結一致，力量其大無比，所以眾志可以成城，甚至地有「眾山合抱」，海有「眾流滙聚」，市場有「眾商雲集」，國家有「眾人保護」。大眾的力量無與倫比，大眾與個人的關係十分密切，個人不能與大眾脫離，必須做到下列數點：

一、**衆中學習**：人從出生以後，就要不斷的學習，不但在家庭裡跟父母學習，更要在團體中跟大眾學習。一群小朋友看似在遊戲玩要，其實他們是在學習成長。人在團體裡，不但學習生活的方法，生存的常識，尤其學到合群、和眾。一個人不能孤芳自賞，孤獨的一棵樹、一朵花，都難以安全存在；樹木叢林相互資助，才能抵擋風雨，才能互依互存。人也是要找人多的地方聚集而居，獨家村沒有人敢居住。

二、眾中結緣：有眾，才有結緣的對象，假如沒有大眾，想要結緣都沒有機會。世間諸事，緣聚則成，緣散則滅，所以我們要想成事，必須廣結善緣。結緣，眾愈多，結的緣愈廣。別人給我們結緣的機會，我們要感謝他。甚至像籃球比賽，也要感謝對手，因為如果沒有他們，球賽就無法進行，所以商店感謝顧客，老闆感謝員工，將領感謝士兵，校長感謝學生，大眾相互感謝，才能相互成就，才能造就一個和諧的團體。

三、眾中關懷：有的人家中人丁單薄，想要關懷家人，也沒有幾個對象可以付出，這時大眾就很重要了。在大眾中，有我們的同學、同事可以關懷，有我們的同鄉及社會大眾讓我們關懷。大家的事業困難否？大家的學業完成否？大家的家人平安否？大家的身體健康否？你能事無巨細的關懷大眾，愈周詳則人緣愈好。有時你把魚蝦龜鱉放生，牠們也會回首感謝你，何況是人群呢？

四、眾中砥礪：離開群體的小鳥容易失落，離開大眾的個人也容易被洪流淹沒，所以在大眾中，雖然彼此難免有所碰撞，有所磨擦，但是大眾可以相互砥礪，相互激發。練武的人，要找到相當的對手，武藝才能進步；社會百業，要有競爭的對象，事業才能進步。不管你學文學武，總要有對手；儘管你學習任何一種技藝，都要有競爭的對象。沒有陪榜的舉子，怎麼能考取狀元呢？一個縣城都沒有人民，如何當縣長呢？所以不要討厭一些不合意的大眾，再怎麼不合己意，都是我們的增上緣。

五、眾中完成：有磚塊，才能起高樓；有沙礫，才能堆土丘；有涓滴，才能成河流；有大眾，才能完成自己。我們每個人，一日三餐需要有人煮飯，上下班搭乘公車，要有人駕駛；因為有士農工商供給我們各項生活所需，我們才能安然生活。所謂「一將功成萬骨枯」，每一個人的完成，莫不是靠著眾人的協助、供養，所以靠著大眾，才能成就個人。

人的十個指頭，有長有短，但是合其長短，就有力量。皮肉骨骸，合成臭皮囊，就是一個活潑的人身。眾，就是因緣，眾，就是真理，佛也要在眾中才能成佛。眾的重要，不言而喻。

累積

各位讀者，大家吉祥！

中國的長安不是一天形成的，而是經過多少皇朝的造就、多少時間的累積，才慢慢成為中國文化的古都之一。萬里長城之所以成為舉世皆知的偉大建築，也是經由一塊塊的磚頭，慢慢堆砌而成。在無限的時空當中，凡事只要經過累積，就會成長，所以民族要厚植實力，必須累積文化。

茲就「累積」的意義，略述如下：

一、財富是儲蓄的累積：世間上，多少財力雄厚的人，他們的資產都不是一天獲得的，而是經過長久歲月累積，慢慢儲蓄起來的。有

的財富靠力氣賺取，也有的人用講說、用腦力、用因緣賺取財富。當然，更多的人用財富賺取財富。但是不管任何方法獲得的財富，都要經過一天天、一日日的儲蓄、累積，才能成為有錢的富人。

二、成功是經驗的累積：創業的人，有的人成功了，也有的人失敗了。成功的人，是因為他不怕失敗，從失敗的經驗中吸取教訓，把過去的經驗，一次次的檢討，一次次的改進，終能成功。但是一般人創業，有的人認為資金雄厚，有資本才能創業成功；有的人認為廣結善緣，眾緣成就才能獲致成功；有的人以為學有專長，憑著自己的研究、經驗，就能事半功倍；有的人看準時代社會大眾的需要，順勢發展，自能成功。當然，成功的背後都要付出多少的辛苦，多少的代價，尤其要累積多少的經驗，才能有所成就。

三、功德是服務的累積：根據佛經記據，釋迦牟尼佛有「三十二相，八十種好」，也就是說，他的身相莊嚴，和別人不同。原因是佛陀「三祇修福慧，百劫修相好」，經過漫長的修行，累積了累劫的功德，才能有如此的相好莊嚴。

世人「日行一善」，經過長年累月的發心施捨、修橋鋪路、救濟鰥寡孤獨、獎助弱小、建寺安僧、弘法度眾；長期累積功德，自然帶給自己未來事業的順利，以及財富的增加。因此，我們對於他人的成就，與其羨慕他們，不如學習他們。因為發心為人服務，累積功德資糧，自能成就善緣好運。

四、名望是奉獻的累積：我們看到社會上多少有名望的人，過去稱為「員外郎」，現在稱為「慈善家」、「太平紳士」。他們在社會上受到眾口讚揚，表示他們有聲望。聲望並非憑空而得，必須經過多少的犧牲奉獻，例如捐助公益、回饋社會，或是供養福田、奉獻大眾。由於他們播下了喜捨奉獻的種子，經過時間的累積，才有聲譽崇隆的果實，所以一切都要有因，才能有果。

五、歷史是時間的累積：有的人懂得建立人生「三不朽」的事業，所以要立功、立德、立言。世間上，能讓歷史承認，能讓眾人肯定，認定那是一件歷史的建築、那是一間百年的老店、那是一個文化的遺跡，所謂「歷史」，都要歷經時間的累積。世上沒有「立刻長大」的孩童，也沒有「一日成功」的文化；能經得起時間的淬鍊，自然成為不朽的歷史。

六、悟道是修行的累積：佛教講究修行，但並不要人個個成佛，而是希望人能悟道。關於悟道，禪門有「頓悟」、「漸悟」的說法，即使「頓悟」，也要靠「漸修」而成。十里的禪門，最後一步到達，這是頓成，但還是要經過步行十里的漸修。吃飯，吃到第五碗才飽，前面四碗也很重要。所以，修行人不管持念佛號、誦念經文，乃至廣做善事，在時間上要能持之以恆，結緣要不怕次數多，尤其要能不退初心，累積了累劫的修行，才有悟道的一天。

等

各位讀者，大家吉祥

等，在人的一生當中，不知要費去多少時間！等吃飯、等洗澡、等睡覺、等天亮；甚至出門辦事，汽車加油要等，買東西結帳要等，有時候連上個廁所，也要排隊等候。

人生有很多的「等」，有的人等得很焦急、很不耐煩，但也無可奈何！有的人把「等」當作休閒，當作藝術。其實，人生怎麼等都不要緊，最怕的就是「等死」！每天渾渾噩噩的過日子，不知道人生目標在那裡，這就失去了生命的意義。所以，人生不怕等，但要奮發有為。茲將人生最常遇到的「等」，列舉如下：

一、等朋友，久候不至：跟朋友約好，時間已經超過許久，卻遲遲不見人影，難免心急。尤其戀愛中的情侶，久候不至，那種焦慮的心情，可想而知，所以等人其實也是很磨人的事。如果等不到人，還能心平氣和，這就要靠平時的修養了。

二、等車子，久等不來：現代人的交通工具，多數都是坐火車、公共汽車。遇到上下班交通尖峰時間，公共汽車難等，有時即使等到了，但是人多擁擠，只能眼睜睜的看著公車一班一班開過去。等車久等不來，如果平時沒有急事還好，有時明明上班時間，或是與人相約的時間已到，你說不焦急也難。所以出門辦事，最好能把等車的時間預算進去，提早出門，也許心情就能從容一點。

三、等回家，路上塞車：出門辦事的人要回家，每天上班的人要回家，外出旅行的人也要回家。總之，回家是一件大事，可是經常遇到路上塞車，有時一塞就是幾小時，尤其在高速公路上，進退不得。如果遇到尿急，更是身心皆苦，所以現在有人發明車上型「尿壺」，可說是一大貢獻。

四、等下課，鐘聲不響：人從四、五歲開始，就要進幼稚園讀書，一直到大學、研究所，甚至接受職業訓練。在一生上課受訓的時間裡，多數人最討厭老師的嘮叨不休，尤其有的課程聽來枯燥無味，但偏偏下課的鐘聲遲遲不響，雖然無聊又無奈，但也莫可奈何。

五、等職業，遙遙無期：在人生的旅途

上，每個人總要找到一份與自己的能力、身分、興趣相投的正當職業。在求職的過程中，有的要經過考選，有的要請託別人介紹，有的要等空缺候補；不管那種情況，一等數月，甚至數年都不一定。所以，等職業卻遙遙無期的這種苦處，很多運氣不好的人，應該都嚐過。

六、等通知，石沉大海：請託別人辦事，如上述所說的求職以外，再如銀行貸款、申請移民等，都要等對方回覆、通知。但是等了一天又一天，始終不見回音，好像石沉大海，有時對方也告知有希望，只是不知要等到何時，總叫人望眼欲穿，性急的人更是焦躁、苦惱。

七、等招呼，毫無音訊：有的人希望求見長輩，或是希望見一些達官貴人，得到的訊息是「等候招呼」。雖然仗著過去家族背景，和對方有些淵源，但是他要你等候招呼，結果卻毫無音訊，你也徒歎奈何。

八、等醫生，望眼欲穿：所謂「急驚風，遇到慢郎中」，生病掛急診，你這邊心急如焚，醫生卻是「安步當車」，不疾不徐。所以等醫生，望眼欲穿的心情也不好受。

九、等救火，急得要命：水火無情，失火的時候打119報案，可是救火車遲遲不來，怎不讓受害人家「急得要命」。

十、等發財，才想為善：一般人你叫他做善事，大都有一個心理：等到發財，再來行善。等發財才做善事，不但永遠做不了善事，也永遠發不了財。所以，人生對於「等」，要看情形處理，不然無謂的「等」，把好事都給「等」得沒有了，那就「白等」了。

規畫

各位讀者，大家吉祥！

現代的社會都講究規畫，人生要規畫，事業要規畫，都市要規畫，生產要規畫，甚至請客也要規畫，規畫成為現代人重要的課題。確實不錯，凡事有了規畫以後，按部就班去完成，自然事半功倍；沒有規畫，人生好像打一場混戰，不知道目標、重點在那裡。

人生有那些需要規畫的呢？

一、**生涯要有規畫**：人的一生，數十寒暑，總要好好善用階段性的生命，所以生涯要有規畫。例如，儒家說「三十而立，四十而不惑，五十而知天命，六十而耳順，七十而從心所欲不逾矩」，這就是

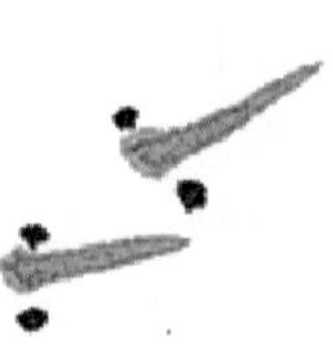

人生的規畫。如果依印度人的生涯規畫，則以二十年為一期，二十歲以前是學習的人生，二十到四十歲是創業的人生，四十到六十歲是傳授經驗的教學人生，六十到八十歲是旅行的人生，八十歲以上的人生，則一切付諸於隨緣。

二、**財務要有規畫**：俗語說「吃不窮，穿不窮，算盤不到一世窮」，所以財務要有規畫。所謂「量入為出」，預算、決算要相等，收入、支出要平衡。假如人生有十分的財富，要有四分做為家庭生活所需，二分做為旅行、醫療、資助親友等用途，二分做為信仰、慈善、公益之用，最後二分儲蓄，以備不時之需。

三、**學習要有規畫**：人的一生都在學習，但是學習也要有重點。最好先有十年的時間學習各種知識概論，第二個十年學習各種技術應用，第三個十年深入專業的學習，第四個十年要學習傳燈，把經驗、知識、技能傳授後學，第五個十年學習著書立說。如果人生有五十年的學習，以上可以做為一個大致的學習規畫。

四、生活要有規畫：每個人一天有二十四小時，其中應該有八小時的休息，八小時的上班時間。此外，三餐前後準備費時二小時，盥洗及大小便溺二小時，閱讀報章雜誌一小時，與家人團聚的敬老慈幼時間一小時，最後剩下的二小時，就非得好好用來閱讀一些有益的書籍不可了。

五、旅行要有規畫：現代的社會重視休閒生活，每週工作五天，每天工作限制八小時，之外的時間可以用來安排自己的休閒、訪友、應酬之用。現在的週休二日，週六、週日時間一般人除了用來打掃家園，整理環境之外，偶爾用於上班時間未能完成的會議、約談等，但是每週不能少於一天規畫到郊外旅行。旅行也需要規畫，從目的地的選擇，到旅遊費用的預算，都不能沒有規畫，否則一天的旅遊可能花去一個月的薪俸，生活就會捉襟見肘了。

六、處事要有規畫：有人說「做人難」，其實處事更難。有的人自己勤勞，自己忙碌，縱有委屈，不礙大事；如果處事不周，得罪親朋好友，失去情誼，殊為可惜，所以處事規畫也很重要。處事的規畫，每天至少要有五通的電話，或聯絡事情，或溝通情誼，但是每通電話不可超過三分鐘。每週要有二封信件的往來，因為養成書信往來的習慣，一是訓練自己的文筆不致生疏，二者對朋友表達情意，更增情誼。平時要注意親朋好友的婚喪喜慶，如果自己不能親臨，兒女代為致意，也會獲得良好的回應。其他如集會共修、年節禮尚往來，重要的探病慰問等，也不能不重視。

總之，凡事豫則立，所以不能不重視事前的規畫。

創造

各位讀者，大家吉祥！

俗語說「時勢造英雄，英雄造時勢」；時代能創造英雄，英雄也能創造時代。因此，現在有一個最令人振奮的口號，那就是「創造」。我們要創造一些什麼呢？

一、創造時代：現在是個自由的時代，我們要創造自由；現在是個民主的時代，我們要創造民主；現在是個和平的時代，我們要創造和平。總之，現在是一個新時代，需要靠新青年來創造一個新的未來。十九世紀末，愛迪生發明了電燈，他創造了時代的光明；二十世紀中，美國創造了一顆原子彈，投到日本廣島，息下了第二次世界大戰的戰火。近代科學家研究出生命的基因，發覺到生命也有密碼；現在的電腦網路通訊，改變了整個時代，縮短了時空、人我的距離，這些都是在創造時代。

二、創造事業：現在的青年，自己發奮圖強，想要創業，國家有「青年創業基金」的申請。一些企業家，在各自的領域裡盡情發揮，有的煉鋼，有的造船，有的製造塑膠產品，有的從事農業改良，都是希望能對當代社會創造出不朽的事業。果然，經過大家的努力，現在很多新興事業，確實都創造得有聲有色。

三、創造機會：企業家們不但自己創造事業，也為國家、社會、青年創造機會，讓很多青年有就業的機會，或是出國學習的機會，也讓世界尖端科技、醫療等，有引進台灣的機會。甚至報紙裡的徵

婚，電視裡的紅娘，都讓年輕男女有相識，進而成就好因好緣的機會。這是一個有無限機會的社會，只要自己勤勞，只要本身有專長，就有無限發展的機會。

四、創造紀錄：現在各行各業，都在爭著創新紀錄，尤其體育界的人士，所謂奧林匹克的精神，本意就是要創造紀錄。楊傳廣十項全能，雖然只得到世界的亞軍，憑著這樣的紀錄，就成為「亞洲鐵人」。紀政小姐在田徑場上所向無敵，也被譽為「飛躍的羚羊」。現在台灣正在尋求國立大學的合併，希望創造世界的紀錄；台灣的長庚醫院，於二〇〇四年完成二百例活體換肝移植手術，締造了十一項肝臟醫療世界第一的新紀錄，成為台灣人共同的驕傲。

五、創造奇蹟：台灣創造奇蹟的人太多了，例如李國鼎、孫運

璿，他們創造台灣的經濟奇蹟，讓小小二千三百萬人口的台灣，在八〇年代前後，成為世界高科技產業重鎮。台灣的農產品改良，不管接枝、水耕、有機農產品等，都迭創佳績，成果輝煌。另外醫療上的換心、換肝、換腎等，都有奇蹟出現，尤其宗教界創造的奇蹟，那就更加不勝枚舉了。

六、創造命運：世界上再多的創造，都會成為過去，現在人類最重要的，就是要創造自己的命運。我們的命運不是操縱在神明手中，也不是其他任何人所能主宰；命運掌握在自己手中，自己才是自己生命的主人。所以，我們要努力創造自己嶄新的人生，創造自己美好的未來，創造屬於自己與全人類的善緣好運。

無用之用

各位讀者，大家吉祥！

世間上的物品，分為有用的、無用的，甚至人也會被歸類為有用的、無用的。人的身體上，更被畫分成有用的頭腦，以及眼、耳、鼻、舌等，其他如盲腸、皮屑等，都被認為是無用之物。其實不然，最堅硬的石頭，還可以培養出鑽石；最骯髒的污泥，也可以生長出芬芳的蓮花。天生萬物，有用無用，要看各自的立場，我需要他，就認為這是有用的；我不需要他，就認為是無用的。一般人認為身體上一些看似無用的東西，實際上對人體還是有很大的作用，試說如下：

一、眉毛：人的五官，眼睛管看，耳朵管聽，鼻子管呼吸，嘴巴管吃飯和講話，都有很大的用處，唯有眉毛最沒有用。但是，我們把眉毛擺到眼睛下面，或是耳朵、鼻子之下，甚至乾脆不要有眉毛，人就不像是個正常的人；唯有讓眉毛長在眼睛上面，才像一個人。因此，眉毛看似無用，其實無用中自有大用。

二、小指：一般人都認為小拇指沒有用，五個手指頭拿東西，有沒有小拇指，無關緊要。有一名男士，在外拈花惹草，太太堅持要離婚，男士砍下小拇指發誓，絕不再犯。他最初以為砍了小拇指沒有關係，但是有一天耳朵癢的時候，發現沒有小拇指掏耳朵，很不好受。其實，小拇指在五指中看似最小，最沒有用，但是合掌恭敬時，是他最靠近聖賢。

三、垢穢：人的身體上，因為新陳代謝，不時會產生垢穢，人都喜歡用肥皂把他洗淨。其實，洗得太徹底，也不合健康之道，因為垢穢也有保護皮膚的功能。當然，垢穢也要去除，因為人體新陳代謝作用，不斷循環就有新的垢穢產生，所以適時洗淨垢穢是必要的，但不能完全沒有垢穢，否則皮膚也會百病叢生。

四、**膽囊**：過去我們對身體的知識有限，認為心肝脾胃臟，甚至大腸、小腸、膽囊等，都非常重要。此中尤以膽囊位於腸胃之間，膽汁能分解電解質，具有幫助腸胃消化的功能。但現在醫學發達，認為膽囊可有可無，所以現代人膽囊有了毛病，乾脆開刀割除，也只是一種小手術。甚至革除膽囊的人，還洋洋自得的說：我現在是「無膽」之人！因為人的膽量，不是靠膽囊而有，而是靠著另外的氣質、智慧、勇氣。不過話雖如此，割除膽囊的人，因為缺乏激素，容易拉肚子，所以缺少了膽囊，還是不好。

五、指甲：過去一般人總是認為指甲沒有用，指甲一長，就覺得難看，非要剪去而後快。但是指甲除了能保護富含神經的指尖免於受傷害之外，平時生活中，搔癢、掏耳、刮垢等，都需要指甲，怎能說他無用呢？

六、盲腸：一般人提到盲腸，不但覺得他無用，甚至認為有害，所以只要盲腸有了一點小毛病，就乾脆把他割除。其實盲腸位於大腸與小腸之間，能阻止小腸已消化過的食物殘渣進入大腸後反流進入小腸。此外，盲腸還有吸收水分，以及暫時貯藏食物的功能。甚至盲腸裡有許多細菌，可以利用腸子裡的一些簡單物質，轉化製造成人體需要的重要養分。所以，世間上任何東西，有用而用錯了，才是無用；無用的東西，用對了，也是有用。

無價

各位讀者，大家吉祥！

世間上的一切物質都是有價的，甚至銀行裡的支票、股票，都稱為有價證券，但是非物質的東西，有時候價值就很難說了。例如，有人一場講演只值幾百、幾千塊錢，有的人沒有幾萬、幾十萬元的價碼，難以禮請得到。更有些東西甚至是無價的，例如真理是無價，生命也是無價的。

人，有時候用有價的金錢可以從死牢裡買回生命，有時候則用無價的生命去換取國家的主權、土地的所有，像軍隊攻城掠地，目的只為了勝利，對於生命的犧牲、損失，則是在所不計。

無價

世間有價的東西暫且不談，以下只列舉無價之物一談。

一、愛情是無價的：有價的金錢可以買得到女色，但不一定能買到愛情，就等於金錢可以買到酒肉朋友，但買不到道義之交。世間上，情義是無價的，姚秦苻堅率領數十萬大軍，只為了搶奪鳩摩羅什大師，這不是男女的愛情，這是人的價值。

二、自由是無價的：法國羅蘭夫人說：「生命誠可貴，愛情價更高；若為自由故，兩者皆可拋。」現在舉世之間最可號召的，就是政治上的自由和民主。自由是無價的，佛教裡佛陀制訂戒律，就是為了不侵犯別人而尊重他人的自由。例如，不侵犯別人的生命，叫做不殺生；不侵犯別人的財產，叫做不偷盜；不侵犯別人的身體，叫做不邪淫；不侵犯別人的名譽，叫做不妄語等。但今日世界上，假借自由民主之名，遂行個人權位利益之實者，不勝枚舉。如美國布希總統假借要摧毀伊拉克的核武，出兵發動戰爭，實際上並無其事；若伊拉克沒有石油，何致於犧牲那麼多人命。

三、慈悲是無價的：人可以沒有錢財，可以沒有名位，但不能沒有慈悲，因為慈悲是無價的。慈悲沒有敵人，慈悲的人多為人所接受，佛教裡代表慈悲的觀世音菩薩，就是因為他的慈悲，所以能被萬人供奉在大堂之中，甚至進入到每個人的心裡。每個人都可以用慈悲的雙手、慈悲的語言、慈悲的行為、慈悲的風格來散布慈悲，如果全世界人人都能行慈悲，還怕世界不能和平嗎？

四、智慧是無價的：一首智慧的偈語，可以改變人一生的行事，一句智慧的格言，可以做為一生的座右銘。佛教講「有佛法就有辦法」，為什麼呢？因為佛法就是智慧。我們對人對事，如果都能以智慧來權衡，怎麼會有愚蠢的行為、愚蠢的言論呢？人生的煩惱，都是因為沒有智慧，所以佛教裡修道的比丘，寧用生命換取野干的半句偈語，由此可知智慧是無價的。

五、真心是無價的：有人說金錢是萬能的，其實有錢可以買得到書籍，但買不到智慧；有錢可以買得到化妝品，但買不到氣質；有錢可以買得到萬千的奴僕，但買不到真心。所以我們經常聽到有人慨歎：「相識滿天下，知音有幾人？」知心的朋友，不但相知、相助、相諒，而且可以患難與共、生死不離，由此可知真心的可貴。真心實乃世間無價之寶也

策略

各位讀者，大家吉祥！

現代的社會團體，行事作業都講究策略。軍事要有策略，才能致勝；商場要有策略，才能賺錢。即使一個擺地攤的小販，也要有策略，才能引起路人的注意。現在的學校招生，更是講究策略，才能吸引學生報考。

人生行事，需要提出許多策略，但策略的推動，也要注意以下事宜：

一、**策略要眾議才有共識**：策略當然是有智慧的人做出來的計畫、方案，但是總要經過大家的會議，達成共識，策略才能順利推

行。也許有的策略具有機密性，但也不能不公開一些策略的大政方針。策略的細節可以由少部分領導者掌握，但策略、方案的執行，不能不在大家的共識下進行。

二、策略要易懂才能執行：策略太專門，大家不懂，礙難實行；策略太過專精，大家不能了解，不容易達成共識。策略固然要細密周全，但也要簡單易行。有一個牙膏工廠，在同業競爭下，不容易開發市場，於是公開徵求促銷的策略，獲選者可得十萬獎金。有個員工說：只要把牙膏出口做大一點就行了。因為這一個小小意見，使牙膏用量大，產品的銷售量隨之增加，所以策略者，就是這麼簡單易行。

三、策略要創新才有效益：既曰「策略」，不能一直是老套，今天的社會，凡事不斷在創新，策略也要創新。巴黎的時裝，多少設計師日日苦思，研究創新，所以能風行全世界，受到世界所推崇，成為時尚的指標。

四、策略要迅速才有時效：因應時機發展，一旦定下策略，就要迅速去推行、落實，如果把策略鎖在保險箱裡，擺在書櫥中，別人的產品早已公諸於世，人家的方法早已運作實行，等你發現，為時晚矣。所以，策略要爭取時效，有時效才能增加策略的價值。

五、策略要清楚才能落實：我們訂一個政策方針，要清清楚楚，明明白白，不能模稜兩可，含糊不清。所謂「差之毫釐，繆之千里」，既是策略，應該要有方法，要有內容，要有見解，要有獨到之處，才能成為策略，才要大家合力推動。既要大家共同推行，所提的策略要能讓大家清楚明白，才能落實。

六、策略要益世才有價值：所謂策略，要能濟世益民，要能有利於人間大眾、有益於社會人生，這樣的策略，才能引起大家的共鳴。例如，你能提出推動世界和平的策略，能夠真正發揮益世利民的價值，那麼何愁各國不肯切實奉行？尤其現在兩岸的和平統一，必須能讓兩岸雙贏，所以我提出「大陸對台灣要有慈悲」，因為大陸大，要施予慈悲的策略；另外，「台灣對大陸要用智慧」，因為台灣小，以小事大，必須以智慧為優先。

現在舉世之間，許多談判策略不能為大家所接受，主要原因，就是因為沒有讓人有所受益，如此再好的策略也沒有價值。所以，「策略」者，應該以營造人民的安樂為大前提。

策畫

各位讀者，大家吉祥！

現在舉世之間，無論做什麼事，都講究「策畫」。兩國戰爭要策畫，兩國外交也要策畫，兩國經貿往來還是要策畫。就是一個國家之內，內政需要策畫，交通、稅收、建築、教育等，都要策畫。甚至還分一年的策畫、一月的策畫、一日的策畫，乃至一件事、一個活動，都要策畫。策畫已經成為現代人從事任何事的第一要件，「策畫」的意義為何？試舉如下：

一、以少勝多：策畫當中，最講究的就是謀略。例如兩軍對陣，勝敗未分，講究策略的一方，有的以多取勝，有的以智取勝，有的以理取勝，但也有「以少勝多」的例子。綜觀古今歷史上的戰爭，以少勝多的例子，不勝枚舉，有名的淝水之戰、赤壁之戰，都是「寡眾懸殊」，但是少數的一方卻能「以少勝多」，因而名垂千古。

二、以攻為守：兩軍嚴陣以待，進攻的一方未必勝利，防守的一邊未必失敗。不應該進攻的時候進攻，浪費軍力，所以善於戰略者，有時「以攻為守」。表面上佯裝進攻，實際上他鞏固守備，只是做個樣子嚇嚇敵人，以求相安，這是統帥大軍的能將常用的策略。

三、以捨為得：軍事家以進攻取得勝利，從事慈善事業的人則是反其道而行，「以捨為得」是慈善家的人生觀。阿富汗、伊拉克的戰爭，美國未必能取得勝利，因為「以戰止戰」，終不能止。假如美國以慈濟阿富汗、伊拉克為主，就像觀世音菩薩「救苦救難」，又像武訓先生「行乞興學」，提倡讓窮苦人受教育。乃至像阿育王以「仁政治天下」，本著慈悲之心為民謀福，如此以愛必然能贏得愛，以捨必然能擁有更多。所以，「捨得，捨得」，能捨才能得，這也不失為人生戰場上的最高謀略策畫。

四、以一收萬：我們看，一些鄉村的老農、老圃，一棵桃樹，一株李樹，種子播下去，等到桃李長大，滿樹的果實纍纍，數百千粒，何止收成千萬倍。所以佛陀曾舉例說明，布施的功德如尼拘陀樹，一棵高十幾公尺，樹葉茂盛達四五里路之遠的尼拘陀樹，每年所結的果實有數萬斛之多，但是他是由當初一粒小小的尼拘陀樹種子所結出。所以，布施可以以一收十，以一收萬；以一可以收千千萬萬，正如中國人所說的「一本萬利」，由此也可以得到證明。

講到「策畫」，歷史上有名的「三十六計」，有的「遠交近攻」，有的「欲擒故縱」，有的「圍魏救趙」，有的「李代桃僵」，有的「拋磚引玉」，有的「趁火打劫」，有的「以逸待勞」，有的「明修棧道，暗度陳倉」，各種策略，無所不用其極。吾人要想策畫自己的前途，甚至有心為國為民謀福，有意義而出自善心、慈心的策畫、謀略，也未嘗不可。

卷四

觀自在

很多人做事會失敗，是因為沒有規畫。

規畫是「智忍」的力量，有力量才可以承擔一切，並且對抗境界。有「智忍」的人才能「觀自在」；觀人自在、觀事自在、觀境自在、觀理自在。

反之，則一切都不自在。

遊樂園

各位讀者，大家吉祥！

你曾經到過美國、日本、香港的迪士尼樂園一遊嗎？世界各地都有大大小小的遊樂園，當你在遊樂園乘坐各種遊樂設施時，如果用心感受，必能體會到遊樂園對人生的諸多啟示。略述如下：

一、眼界要如觀景平台看得遠：我們到了遊樂園，在觀景平台的制高點往下一看，周邊的風景一覽無遺，甚至園內大大小小的遊樂設施盡入眼底。我們做人

的眼界，要如站在觀景平台上，能夠看得多、看得遠，才不辜負到遊樂園一遊。

二、心胸要如摩天轉輪達十方：遊樂園裡的摩天輪，可以三百六十度的不斷轉動，就好像我們胸懷萬有，胸中的思慮也在不斷的洶湧澎湃。有人說「立足當下，胸懷法界」，你能胸懷法界嗎？摩天轉輪時而升高，時而下降，就如生命在六道裡輪迴，你能感受到自己的心念也在時而天堂、時而地獄的不斷輪迴嗎？

三、生活要如咖啡茶杯有情調：人的生活，就如在遊樂園裡的咖啡廳，一杯咖啡，一杯熱茶，三五知己，一面遊樂，一面談心，多麼詩情畫意，多麼浪漫有情調。我們能把遊樂園裡輕鬆愉快的氣氛，一直融入在生活之中嗎？

四、**情感要如自由落體能提放**：人的感情時而熱烈、時而冷淡，如果從很熱烈的高溫，忽然降到零下的低溫，就像遊樂園裡的自由落體，從高而降，你能受得了嗎？人的情感，常常一下熱到高點，也會降到冰點，這當中有時讓人來不及轉變。對於這種升降的落差之大，必須要經得起。據說現在大學裡，為了防止年輕人因失戀而自殺，希望大家對感情能「提得起，放得下」，都鼓勵年輕人要經歷感情的冷熱升降；能夠經得起感情的煎熬，增加抗壓性，如自由落體忽然從高空落下而不會受傷，這是今日青年男女必修的功課。

五、**思想要如雲霄飛車通天地**：人都有思想，你的思想是被囚禁在框框、牢籠裡呢？還是能上天下地的自由自在呢？如果我們的思想能像遊樂園裡的雲霄飛車，時而衝向高空，時而俯衝而下；思想能上天下地，就能靈活而不受世俗之拘泥，能夠了無罣礙，才能增加智慧。

六、人我要如旋轉木馬知周旋：一般的遊樂園裡，不可能只供一人獨自遊玩，總有很多來自四面八方的人群，聚集一處，大家摩肩接踵，一同歡樂。人生世間，也如遊樂園一樣，不能離群獨居，總要與社會大眾往來、接觸，所以在人生的遊樂園裡，人我的關係要如坐在旋轉木馬裡，木馬繞著軌道，旋轉自如，忽前忽後，忽東忽西，忽上忽下，都要具備各種應變的能力和態度。在人間，人與人相處、往來，關係能夠融洽、和諧，人生才能真正像在遊樂園一樣，充滿歡樂和笑聲。

僕人的定位

各位讀者，大家吉祥！

現在民主時代，所有的政府官員，甚至就算是總統，都是人民的僕人。在佛教裡，所謂「欲做佛門龍象，先做眾生馬牛」，佛教的諸佛菩薩，大慈大悲為眾生服務，其實也可以把他們當作是義工，是僕人。當然，做僕人也要看值不值得？過去一些英雄好漢，為了一句承諾，做小主人的僕人；為了報答一點恩惠，甘願一生為人做僕，供其驅使。

僕人的種類，有下列數種：

一、為金錢做僕人：現在的女管家、老總管、特別護士，各種臨時工，甚至各行各業的上班族，只要是為了賺取金錢，都可以說他是金錢的僕人。不過，工作是神聖的，以勞動服務、以智慧心力換取金錢，照顧一家老小

的溫飽，這也是應該的。只是做金錢的僕人還可以，做金錢的奴隸就不值得了。因為每個人都要用錢，當然要賺錢，所以從事正當的職業，正當的賺取金錢，以勞力、智慧、特長而換取金錢，這是人情之常；但是有的人被金錢所用，為非作歹，賣國求榮，鋌而走險，貪求非法所得，那就不值了。

二、**為老闆做僕人**：每個人的因緣各有不同，老闆有老闆的能耐，僕人有僕人的命運。但是用另一個角度來看，老闆也是僕人的僕人；老闆為了給付僕人的每月薪水，也要使出渾身解數，賺取金錢。老闆和員工雖是相對的立場，實際上是關係一致、利益共同，假如老闆倒閉了，僕人也無所歸，老闆也不成其為老闆了。社會上多的是時而老闆，時而僕人，也多的是時而僕人，時而老闆。人生如戲，在戲台上，各種的角色，誰是主角，並不代表其地位高低，還要看其能力大小。《西廂記》裡的紅娘，雖是一個僕人，但是她的能力超過女主人崔鶯鶯；歷史上的光緒、宣統皇帝，其地位那有李鴻章、左宗棠、曾國藩之重要？所以誰是老闆，誰是僕人，其實就看各人自訂其角色了。

三、為身分做僕人：有的人，自己是一方的頂尖人物，並沒有人要他做僕人，但他自恃自己的身分，也會做了自己身分的僕人。例如，要參加一場會議，需要乘車而去，自己就辛苦兼職，為了賺錢買一部轎車，以維護自己的身分，這不就是做了身分的僕人嗎？今天會有一個客人來拜訪，他需要擺個場面來接待，於是到處向人借傢俱，撐排場，種種辛苦都是為了彰顯自己的身分，這不就是做了身分的奴僕嗎？

四、為社會做僕人：社會上有很多義工，他們甘願為社會服務，也可以說是社會的僕人。當義工的這種社會的僕人，是為了行義，不同於一般為金錢而做利益的僕人。在中國，自古以來如撿字紙的人，所謂「你丟我撿」，他就是社會的僕人；有人讚歎警察是人民的保母，保母不就是人民的僕人嗎？

此外，多少人在醫院裡服務，在老人院裡供職，在育幼院裡守護幼兒的人，他們有的不是為了金錢，只是為了做社會的義工。乃至各宗教的宗教師，名義上大家尊他們一聲老師，如學校的教師一樣，實際上他們都是在為社會大眾服務，為信徒服務，應該也都是社會、信徒的僕人。

一個偉大的人物，不要從高處看下面，真正偉大的人，應該由下往上看。能把自己看成是僕人，甚至人人都樂於做社會的僕人，那麼這個社會的美事、義行，就會更多了。

對待

各位讀者，大家吉祥！

科學家愛因斯坦提出「相對論」，修正了牛頓的「絕對時間」理論，激發起人類的新思惟，改變對宇宙和自然的原有看法。

確實不錯，這個世界的「有為法」都是「相對」的，記得童年讀書時，老師就教我們對對子：山與水對，手與足對，刀與尺對，狗與牛對。另外，男女、陰陽、東西、大小、有無、來去，都是相對的；超越對待，只有佛教的「無為法」，是離開「相對」而建立在「絕對」的上面。例如，「空」不但空了「有」，還要空去「空」，不但「無我」，還要「無人」。但是人在世間生活，還是習慣用相對、比較來論說一切，試舉其例：

一、體育場上必有勝負：現在舉世最為風靡的，就是體育運動，從體育運動到體育競賽，競賽中又有田徑、球類等。田徑又有一百公尺、四百公尺、五百公尺、馬拉松賽跑等。球賽則有籃球、足球、棒球、曲棍球等。雖然奧林匹克的精神，只在參加，不重勝負，但全世界的選手們，平時苦苦訓練，就是希望與全世界的運動健將一較長短，希望創下更高、更快、更遠、更準的紀錄。只要能獲得金牌，舉國跟著欣喜若狂；反之，如果慘遭敗戰，則黯然回國。過去的戰爭，都說「勝敗乃兵家常事」，現在體育競賽也必有勝敗。所謂「勝不驕，敗不餒」，勝敗還是要以平常心來看待才好。

二、賭博桌上必有輸贏：人之性，除了貪利好名之外，還有一個好賭。有的人從小就為明日天氣是好是壞打個賭；遇到選舉，誰勝誰敗，也要打個賭。有人養成好賭的習慣，橋牌、圍棋不夠，麻將、梭哈，甚至四顆骰子，也能讓人傾家蕩產。因為在賭桌上，不但是現金的輸贏，甚至房屋、田產都拿來當賭資，最後不但賭光家業，連自己的品德也跟著輸光了。賭博有輸有贏，但是「十賭九輸」，也是定論。

三、工商界裡必有盈虧：人在世間生存，必然要有工作，現代舉世工商業起飛，很多人都以經營工商企業為主。但是有的人經營工廠致富，日賺萬金；也有的人不但不能獲利，甚至老本虧盡。雖然工商經營必有

盈虧，然而有的人將「血本無歸」歸於運氣不好。其實運氣、時機固然重要，市場的調查、成本的充分、技術的精良、人事的管理等因素，也是工商界盈虧的基本原因，若能注意及此，必能減少虧損。

四、生活圈內必有得失：人在世間總要生活，生活裡必然有喜怒哀樂、利害得失的時刻。人要能生活得像古井無波，誠非容易，因為生活裡縱無大風大浪，一些水波漣漪總難免會影響生活，擾亂家人和自己的心情。所以，吾人的生活，在得失之間要保持平靜的心，「得」不必過分喜悅，「失」也不要過分悲傷，得失之後還有未來。

五、人我之間必有是非：人間有你有我，有

了人我就有是非好壞。太過計較執我，太過分別他人，日子難過。如果能視人如己，將我比做他人，或者人我對調，是非人我必有另外一番境界。

六、人生路上必有苦樂：人生是一條路，這條路是平坦的康莊大道呢？還是崎嶇不平的小徑呢？人生路上難免有各種坑溝、路障、絆腳石等，人生路不容易行走，所以有苦有樂，這就是人生路。苦的時候，覺得人生無味，冷酷無情；快樂的時候，也容易沖昏了頭腦，得意忘形，反而使自己樂極生悲。人生的苦樂，要淡然以對，生活才能自在。

總之，生活在「對待」的世間，能以超然的心情面對，才能減少憂悲苦惱！

善友

各位讀者，大家吉祥！

人生在世，人人都需要朋友。但是朋友的種類很多，如《孛經》說：有友如花，萎謝就棄；有友如秤，等量輕重；有友如地，普為擁戴；有友如山，永遠不移。所以，朋友有「益友」與「損友」之別。所謂益友，就是善友，善友之道，需要做到以下六點：

一、貧賤不棄：朋友之交，你富貴榮華的時候，我和你做朋友；你失意倒閉的時候，我就棄你而去，這是善友所不為。既是善友，在你苦難，需要關

懷、需要鼓勵時，更加需要發揮朋友的功能，絕不會在貧賤時離棄。

二、苦難不移：「花無百日紅，人無千日好」，在人生的旅途上，苦難的瘟神不時會降臨我們的身邊。如果在朋友苦難、失意的時候，棄他而去，就不成為善友；是善友的話，朋友苦難時，更需要我做為他的助緣，幫他解除困難，怎可棄他而去呢？所以古人有的在朋友遭到牢獄之災時，幫他照顧家人，扶養兒女；有的人在朋友受了冤屈時，不計成敗，挺身而出，為其申冤，表現出苦難不移的情誼。

三、疾病照顧：是善友，當朋友遭逢苦難時，不棄不離，尤其當朋友生病時，更要守護在旁。因為人在貧病交迫的時候，都希望有貴人護持，既然已經做了朋友，為什麼不做善友，不做貴人呢？三國時期的劉備，他讚美朋友的重要時說：「妻子如衣服，朋友如手足；衣服破，可以換，手足斷，不能接。」所以如手足一般的朋友，生病了，我們要感同身受，要想到他的醫療費用負擔得起嗎？家庭生活不成問題嗎？病中有人照顧他嗎？他的工作能保留嗎？既是朋友，在他生病時，要成為他的後援，做他的後盾，給他鼓勵、安慰、幫助，這才是人間至善至美的朋友。

四、幫助所需：世界上，各地經常發生天災人禍，一般人基於人道關懷，都會及時救濟，何況朋友有難需要協助時，更應該義不容辭，提供所需。例如，他需要經濟支援嗎？他需要人力幫助嗎？他需要善言好語鼓勵嗎？他需要人為他排憂解紛嗎？既是朋友，能力所及，應該盡量幫助所需。

五、解困救難：善友如同菩薩，菩薩專門救苦救難。我們對待朋友，當他或有遭遇水災，或是遭逢火難，或是受到冤枉，或者受到迫害，這個時候朋友一定要像菩薩一樣，為其救苦救難，才是善友。

六、規勸向上：我們交朋友，應該多交「諍友」，也就是能規過勸善，勉勵向上的朋友。古人說「良藥苦口利於病，忠言逆耳利於行」，人生得一賢達知己，能夠常常切磋懇諫，是極稀有難得的殊遇，這也是朋友的最大功能。所以，我們不但要做別人的「諍友」，對於犯顏直諫的賢人益友，也要傾心接納，千萬不要排斥，否則善友、諍友一一離去，人生的好機緣也就失之交臂了。

評價

各位讀者，大家吉祥！

一棟房子價值多少？一頭牛馬能賣多少錢？都有行情，都要評價。甚至一斤芹菜、一籃蘿蔔要價多少，都有價格。過去的人家娶媳婦，聘金有的十個銀元、二十個銀元，但也有百萬金元的，所以世間很多東西，價碼不一。大都會市中心的土地，一坪數千元；沙漠地帶，一畝數元不值。市價多少，經過評估，才有標準；即使是人，也有價碼。如何評價一個人呢？

一、以能力來評價：人的職業，大都為了賺錢，維持生計。賺錢之道，有的人以資本賺錢，有的人以時間賺錢，有的人以智慧賺錢，有的人以名氣賺錢，有的人以勞力賺錢。勞力也分多種，有粗工、細工，有專職、兼差，不管憑任何本事賺錢，都要看他對人的貢獻多少而定價碼。

二、以人格來評價：一個人受人尊敬、重視與否？就看他的人格高低。有人說：某某人的人格一錢不值！也有人說：某某人的人格萬金不動。可見人格，除了自己本身的道德、做人以外，還要社會的評價。一個人有良知、有慈悲、有服務、有能力，當然人格高尚，品行健全；如果於人無益，專門用人的、吃人的、享受人的，那麼人格就隨著低落而沒有價碼了。

三、以良心來評價：我們評價一個人好不好？大多評論這個人有沒有良心？有沒有道德？所謂「良心」者，就是惻隱之心，就是羞惡之心，就是慈悲之

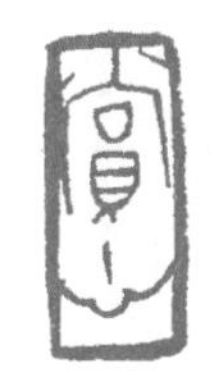

心，就是利人之心。良心者，好心也，經云：「諸惡莫作，眾善奉行」，這就是有良心。有良心的人，讓人樂於親近，樂於追隨；沒有良心的人，人人避而遠之。有良心才能立足於社會，沒有良心，即使家中的父母兄弟也難見容。

四、以道理來評價：物品的評價，用度量衡；一般的評價，用道理。道理雖沒有一定的標準，但你講話做事、待人接物，經過公論的道理給予評議，其價碼多少，也是八九不離十。所謂「有理走遍天下，無理寸步難行」，道理就是一個公定的價格。

五、以勤惰來評價：一個人價值多少，用勤惰來衡量，用智慧來測知，用快慢來了解，用能力來評論。尤其在工作職場上，勤快的人比較容易受老闆欣賞。所以吾人在工作中，不要以為老闆看不到就可以怠慢，雖然老闆沒有時刻在你前後，但是工作效率如何，久而久之，自然呈現，真相必然大白。因此，一個人自我評鑑價碼多少，可以先評鑑一下自己的勤惰如何！

六、以好惡來評價：世間上，人情、事物、道理，都沒有一定的價碼，就看我們的好惡。我之所愛，可能一幅畫千萬高價都捨得買；我不喜歡，即使再寶貴的東西，我看都不看一眼。再如人性愛美，為了一個美女，不惜重金，想盡辦法都要得到她；有的人條件不夠，就是陪嫁再多的嫁妝，也不一定受人歡迎。所以，價碼多少？在我們好惡的喜歡與否，可以做決定。

平時我們評價人、事、物，但其實自己莫不也是時時在被別人評價著，所以，要想獲得別人對我們好的評價，就不能不注意自己的行儀風範！

慢慢來

各位讀者，大家吉祥！

在凡事講究快速的現代社會，每個人的腳步都像時辰鐘上緊了發條，分秒不停的向前奔馳。可是在追求快速的同時，有時也會「欲速則不達」，甚至產生一些負面效果。例如，科學家發明高空快速飛機，因為響聲太大而被勒令停止；摩托車取下消音器加速行駛，也會因為噪音太大而遭到取締。

人生不能一味的求速成，所謂「飯未煮熟，不能妄自一開；蛋未孵成，不能妄自一啄」，人間萬事都有他的平衡之道，「慢慢來」是對治速成之弊的重要法寶。

關於「慢」的好處，略述如下：

一、慢工可以養藝：古語說「慢工出細活」，所以「精雕細琢」就是要靠慢工慢慢來。一些藥效迅速的特效藥，也要經過大藥廠經年累月的試驗；農作物的改良，也是經過多少農業專家長時間的苦心試種培植。很多偉大的工程，都靠慢工成就，例如揚州有一位婦女，花了六十年的時間，用頭髮繡了一尊觀世音。我曾親見澎湖一位小姐，花了五十年歲月，只照顧了二位病人。看起來他們的成就有限，實際上他們自我的生命都已經永垂不朽了。

二、慢步可以養生：現在醫學證明，慢步可

以養生，這也獲得醫師們一致公認。長跑、快跑，只適合少數運動員在競技場上大顯身手，一般真正的養生，要靠慢跑。我們看，老虎雖然凶猛，只能三撲；烏龜慢走，但可以從早到晚，持續不停。天空的雲朵，快速聚攏，但也快速消散；潺潺的流水，可以細水長流，終年不會乾涸。因此，慢走可以養生，值得推廣成為全民運動。

三、**慢言可以養量**：語言是人與人溝通的橋梁，但是有的人拙於言辭，平時總是沉默寡言；也有的人好發議論，喜歡高談闊論。所謂「一言以興邦，一言以喪邦」，語言的得失，其影響之大，人人知道。只是一些好發表高論的人，不善克制自己，不能忍之於言者，很容易隨性發言，很多話不經思考就脫口而出，一旦惹出麻煩，才來悔不當初。其實這是個有聲的時代，不能不發言，不能不表達；但是噪音、雜音為人所不喜，所以發言要有所節制，尤其要講究內容。假如能慎言，不但能表現自己的涵養，而且增加語言的份量與重要。對於好言者，沉默是金，慎言養量，不能不思之。

四、慢活可以養壽：現代人工作忙碌，生活節奏快速，每天都是分秒必爭的向前衝，由於緊張、壓力，造成許多現代文明病。假如能把生活步調放慢一些，吃飯不要狼吞虎嚥，可以慢慢來；開車不要超速，應該遵守交通規則；講話不要像機關槍、連珠炮，可以慢慢的表達。平日生活裡，不要有太多的趕場，不要完全為別人而忙，有時也要為自己而活。思想反應不要太快，何妨遲鈍、笨拙一點；每事不一定都要跟人競賽，也不必每日加班。經年累月不休假，即使機械也會磨損，何況血肉之軀更要保養，因此現代人要想長保身心健康，慢活不失為養生之道。

領導者八戒

各位讀者，大家吉祥！

蔣經國在世時，曾經頒布過「公教人員十戒」，不知道現在還有多少人留有記憶？社會上，一般人「以法為師」，宗教徒則是「以戒為師」。過去儒家以「八德」為師，做人要戒奢華、戒驕矜、戒自私、戒貪婪等，心中有警戒，就不容易出差錯。

社會上一般人都希望當領導人，茲舉「領導者八戒」，提供參考：

一、戒偏頗不公：領導人要大公無私，凡是處理金錢、人事，如果有所偏頗，不能公平、公正、公開，必會發生問題。所以正直、公平，是領導者第一所應該遵守的戒條。

二、戒牽親帶眷：領導者喜歡任用親戚、朋黨，最容易失敗；因為任用私人，就算自己清廉守法，也會被親人、朋黨拖累。所以一個好的領導者，必定用人唯才，辦事秉公，沒有情感的成分摻雜其中，才能平安無事。

三、戒貪污腐化：領導者最應該樹立的形象，就是不貪財、不貪污、不腐化，否則難以服人。一個領導者，如果貪污腐化，注定他的地位必定不能維持長久。歷史上，多少貪腐的領導人，雖然時間已過去幾百、幾千年，至今仍為世人所唾棄，所以領導者要戒貪污腐化，以免遺臭

萬年。

四、戒權勢官僚：領導者一旦當權，就有勢力，所以官僚的態勢就會顯現出來。所謂「官僚」，就是要人奉承，要人順從，要人阿諛，要人吹捧，繼而藉勢凌人，濫權違法。這樣的領導人，怎麼可能受人擁戴呢？所以成功的領導人，不但不能官僚，而且要親民愛民，大眾才肯鞏固領導。

五、戒故步自封：一個領導人，要有創見，要有理想，要不斷的策畫未來。尤其現在民主政治，每到選舉時，選民都要候選人端出牛肉來，也就是要有主張，要提出政見。一個領導人如果老是守成，故步自封，不能隨著時代的步伐前進、革新，怎麼能生存呢？

六、戒身旁小人：諸葛亮在〈出師表〉說：「親賢臣，遠小人，此先漢所以興隆也；親小人，遠賢臣，此後漢所以傾頹也！」要看一個領導人能否勝任，先看他身旁所用的人，就可見出梗概。一個領導人，所任用的幹部，全是一些唯唯諾諾的小人，全是吹牛拍馬、作威作福之輩，這個領導人怎麼能成功呢？

七、戒事無主見：領導人一定要有主張，但不能固執；要有主見，但不能偏激。領導人能洞燭機先，眼光遠大，有主見，但要民主，有執著，但能公允，否則不能令大眾歸心。

八、戒聽信讒言：一個領導人應該戒懼謹慎的事情很多，平時酒色財氣不能沾邊以外，最要注意的就是不能聽信讒言。一個領導人，被有心機的小人包圍，被讒言所左右，必不能公平、公正，如此要想仕途平穩，也就難了。

總之，領導人就如「荷花雖好，要有綠葉扶持」。一個好的領導人，必須先要有好的班底；有了好的班底集體創作，才有好的事業。

骯髒

各位讀者，大家吉祥！

骯髒人人討厭，清淨人人喜愛。在佛教裡看我們所居住的這個世界，叫做「五濁惡世」，「五濁」就是：劫濁、見濁、煩惱濁、眾生濁、命濁。「五濁惡世」就是骯髒的世界，五濁的娑婆世間是釋迦牟尼佛的國土，所以有人懷疑，佛教的諸佛都在清淨國土成佛，為什麼釋迦牟尼佛要在五濁惡世成佛呢？當時佛陀即刻以拇指按地，大地立刻明亮光耀，莊嚴無比。佛陀說：這就是我的世界。

原來，同樣的世界，有的人看來是五濁惡世，有人看到的是清淨國土，所以說「隨其心淨，則國土淨」。

為什麼凡夫眾生看到的世界是骯髒的呢？世間到底有那些「骯髒」呢？

一、骯髒的身體與心靈：身體有了垢穢，人說是骯髒的；心裡的欲望，也算是骯髒的。假如身體垢穢而行為端正，心裡有了欲望但善法善願不斷，則身心的骯髒與清淨，就很難論斷了。

二、骯髒的面孔與外表：蓬頭垢面是骯髒的，衣服邋遢也是骯髒的，但是在蓬頭垢面的裡面，他沒有貪瞋煩惱，在邋遢的衣服後面，他有潔白的靈魂。如此外表雖然骯髒，但內在乾淨，那麼此人是骯髒或潔淨呢？應該也有另外的論斷。

三、骯髒的語言與行為：有人罵人，我們說他語言很骯髒，有人行為不正，我們說他很輕浮。但是父母罵兒女，老師罵學生，都是出於善意，所以罵人的語言也不一定都是骯髒的。有時候修道的羅漢，

外表看起來瘋癲，但是他內秘菩薩行，如此行為也不一定是骯髒。所以，語言、行為的背後，我們有看到他真正的用心嗎？

四、骯髒的金錢與愛情：一般人認為金錢是骯髒的，但是金錢有淨財、善財、法財，可見金錢不完全是骯髒。就等於拳頭打人是犯法，但是替人捶背又會讓人歡喜，因此金錢好壞，就看他用在那裡。感情，佔有的、自私的、欺騙的感情是不應該的，但感情的後面有多少的忠義，多少的犧牲，多少的奉獻，所謂「真情」、「慈悲」、「義氣」，那就不一定是骯髒、染污的感情了。

五、骯髒的水源與空氣：韓國的元曉大師要到中國學習唯識，在趕路途中，夜宿一間小神廟。半夜口渴，就在月光下來到寺邊的水塘掬水飲用，感覺如同甘露一樣，清甜無比。第二天早餐後，整理行囊上路，經過水塘一看，池塘裡散落著一些屍骨，這時忽然感到一陣噁心，嘔吐不止。昨日的甘霖，今日的嘔吐，他忽然體會到「三界唯心，萬法唯識」的道理，於是決定不到中國，因為他已悟道。

過去中國的農夫，都與豬馬牛羊同居一處，他們也沒有生什麼傳染病；糞坑設在屋子旁邊，甚至尿桶就放在房間裡，雖然臭氣沖天，但他們也沒有感染什麼疾病。可見淨穢不是絕對的，骯髒、污穢只要自己能轉化、淨化，也會成為清淨。所以，一個人要能轉邪為正、轉迷為悟、轉苦為樂、轉骯髒為清淨，才是重要。

價值觀

各位讀者，大家吉祥！

世間上，每個人的價值觀不同，各有其追求與定位。有的人重道德、守信用，覺得「令名美譽」是人生最高的價值；有的人重名利，慕權勢，覺得「榮華富貴」是生命最高的追求。

其實，價值不要只從經濟上看，道德也有價值，智慧也有價值。例如，人的語言「一言以興邦」，那就是語言的價值；沒有經過老師教授，自己苦學成為科學家、哲學家，自學成功，這就是人品的價值。

價值也要靠人的慧眼去欣賞與評鑑。你把一架鋼琴送給農夫，他可能覺得占據空間，有礙生活，一把劈為柴火；你把一塊石頭送給收藏家，他可能視若珍寶，把玩不已。因此，價值有時也會因人、因時、因地、因比較而有分別。尤其，價值有先天與生俱來的，也有後天培養的。試說如下：

一、乞丐與皇后：佛經記載，有一個以乞討維生的小姑娘，因為喜捨作福，有了功德的加持，一日在大樹下，因疲倦而睡著。此時這個國家的國王，因為皇后新喪，心情煩悶，外出打獵。路經樹下，見不遠處閃著金光，走近一看，只是一個衣衫襤褸的小女乞丐，但是長得眉清目秀，頗具姿色，立刻叫人為她盥洗、換裝，一下子變得美如天仙，國王立刻帶回國中，立為皇后。這個女孩的生命，是乞丐呢？是皇后呢？是國王一念之間的因緣，或是女孩喜捨的功德回向所成的呢？

二、兒童與帝王：歷史上，從小登基為帝，受到萬民朝拜的兒童皇帝，為數甚多。本來是一個年幼無知的兒童，一下成為萬民崇拜的領袖。當他坐上帝王寶座時，究竟是兒童呢？還是皇帝呢？所以只要經過大眾認定，年齡立刻不是問題。

三、惡人與聖者：日本有一位鬼平兵衛，原本是一個作惡多端的地方惡霸，後來因受兒子善心感動，一改過去，虔心行善，成為「佛平兵衛」。人究竟是魔鬼呢？是佛祖呢？就看自己和別人如何來定他的價值。你是魔鬼的行為，當然是魔鬼的價值，你是佛祖的行為，當然就是佛祖的價值。價值在那裡？就在行為表現裡。

四、凡夫與佛祖：佛陀說他是人，人是佛，人人有佛性。人的本性裡，有佛性，有人性；所謂「迷即眾生，悟即是佛」，今日是迷，名為眾生，明日悟道，當然就是佛了。佛是人成的，人是佛的本尊，所以看起來有佛祖、有凡夫的分別，其實只是「迷悟之間」的差別而已。懂得此中的道理，就如《法華經》的常不輕菩薩說：吾不敢輕視汝等，汝等皆當作佛！

五、磚塊與黃金：有一位信徒，把價值不菲的數十塊金磚藏在床底下，兒女見到母親執著金磚，不肯動用，於是悄悄掉包，用磚頭替代金磚藏在床底下，把金磚換成現金拿去布施救濟。數十年中，母親心中始終記得床下儲藏著金磚，一直快樂的生活。及至老病將死之際，仍含笑的叮嚀子孫：床下的金磚，幫我拿去救濟。兒女聽了母親的話，會心一笑，說：媽媽，您放心，我們早就做了！

六、石頭與鑽石：有一名弟子問師父：人生的價值何在？有一天，師父拿了一塊石頭，叫他到街上待價而沽，但是只要知道別人出價多少就好，不要出售。弟子照作，到街上問價，有人出價一元，有人喊價二元，有人要價五元，最高出價十元。弟子回寺告訴師父，師父第二天又叫弟子拿到百貨公司估價，百貨公司有人見石頭光澤亮麗，於是一百、二百、五百，到最後有人出價一萬元。後來師父又要弟子把石頭帶到珠寶博覽會去沽價，會中有人一看，晶瑩剔透，馬上出價十萬，跟著有人五十萬、百萬、千萬……。弟子回寺告訴師父，師父說：你問我人生的價值？答案就像這塊石頭，看他放在什麼地方，就是什麼價值！

人的價值觀盡管各有不同，但做人就要創造生命的價值，這才是人生的意義。

窮

各位讀者，大家吉祥！

窮，這個字大家都不喜歡。窮人固然人不歡喜，窮鬼也沒有人喜歡，甚至窮神也不受人歡迎。只要是窮，就沒有人喜歡。但是自古以來，多少聖賢君子就在「窮」裡安住，所謂「安貧樂道」，像伯夷、叔齊，像商山四皓，像陶淵明，像大迦葉等大阿羅漢，他們貧無立錐之地，窮得一無所有，但他們「人窮志不窮」。所以，窮才能見出一個人的節操，才能見到一個人的人格；窮，又有什麼不好呢？

只是現在的社會，「窮」確實是可怕的！因為大家以為沒有金錢才叫窮，其實不是。沒有錢不一定窮，雖然沒有錢，但是我可以看、可以聽、可以動、可以走，有什麼窮的呢？雖然沒有錢，但是有天有地、有日有月、有山有水、有路可以走、有風可以吹，有什麼窮呢？所以沒有金錢不是窮，真正的窮人是：

一、無志的人很窮：不立志，不想做聖賢，不想做好事，不想利益世人，不想貢獻社會的人，貧無所有，所以無錢不叫窮人，無志才是真正的窮人。

二、無能的人很窮：每一個人「天生我才必有用」，即使殘障的人也能「殘而不廢」，還是有能力為人服務。我們替人掃地，不能嗎？我們替人煮飯，不能嗎？我們耕田除草，不能嗎？做小工搬運磚瓦，不能嗎？是能而不為，所以窮不是不能，而是不為也！

三、無業的人很窮：沒有職業，沒有事業心，只想遊手好閒，每日東逛逛，西盪盪，像這種人，不是無才，而是無用，無用才是真正的窮人。

四、無心的人很窮：人都有自我的精神世界，自我的心願理念，我想什麼，我要什麼，我做什麼。世間如許廣闊，誰不准我用心思想、用力

服務、用手工作？只要我們不犯國法，不妨礙別人，我們有心造福人類，我怎麼會貧窮呢？所以，人不應該會窮，沒有錢，至少有心，有心工作，有心做事，有心創業，有心服務，有心待人好；只要有心，就有辦法，無心，那就什麼辦法也沒有了。

五、無勤的人很窮：「勤有功，戲無益」，十窮九懶，十個窮人九個懶，因此貧窮的原因，就是出在一個「懶」字。人在世上，自己不想有所作為，渾渾噩噩，虛度時光，也是一生。很多退休的公務人員，退而不休，何況我們年輕力壯，身心健全，為什麼不趁此大好時光，發揮自己的勤勞，動員自己的身心，好好的做一番事業呢？

六、無知的人很窮：貧窮不是嚴重的問題，無知才是嚴重。你看，有一些人像潑婦罵街，盡說些無知的語言，做些無知的行為，怎麼叫人看重呢？有一些男士花街柳巷，四處行騙，寡廉鮮恥，如何叫人看得起呢？知識的財富，勝過金錢的財富，我們寧可捨金錢而知禮義，知學知恥，那就是最大的富有！

七、無節的人很窮：一個人即使有錢，但沒有氣節，也為人所不恥。例如有的人即使當了大官，由於沒有堅守立場，別人也會批評他晚節不保，這種人也不會受人尊重。自古忠臣孝子、聖賢仁者，不是有錢，只是有節，所以文天祥說「時窮節乃見」。

八、無緣的人很窮：世間上，比貧窮更可悲的人，就是無緣之人。一個人，學佛有佛緣，行善有善緣；如果一個人一點人緣也沒有，就是被世間所棄，為世人所不喜，活著還有什麼用呢？

總說一句，世間上應該沒有窮人；一定要說有窮人的話，就是那些無志、無能、無業、無心、無勤、無知、無節、無緣的人了！

學問六要

各位讀者，大家吉祥！

世間上，寶貴的東西很多，有人以錢財最寶貴，有人以愛情最寶貴，有人以名位最寶貴；但是有人認為學問知識最寶貴，因為學問裡，有道理，有智慧，有義氣，有遠見，有人我，有公平，所以學問之道貴矣！

學問之道，試舉六要如下：

一、一個「拙」字：學問之道，不一定要聰明，有的人「聰明反被聰明誤」，這就不是學問。「拙」，就是誠實本分，按部就班，難得糊塗；一個真正有學問的人，聰明而不討巧，所以一些深諳世故，經驗豐富的出家人，都自稱「老拙」。例如，彌勒菩薩的詩偈云：「有人罵老拙，老拙只說好，有人打老拙，老拙自睡倒；有人唾老拙，隨他自乾了，我也省力氣，他也無煩惱。」其實真正能做到這個功夫的人，可以說是世上最聰明的人了，豈能用笨拙來看待他？

二、一個「勤」字：學問之道，在於勤學、勤思、勤省、勤於自覺。沒有學問的人，不知道反省；真正有學問的人，做人明理，凡事為人設想，勤於為人服務。有學問的人，不汲汲於為自己的利益打算，就像農夫勤於耕種、工人勤於生產。做學問的人，要勤於做人。

三、一個「誠」字：學問之道，不能虛浮，不能妄為，真正做學問的人，要誠誠實實。道德可以四兩充半斤，學問四兩就是四兩，半斤是半斤，完全假不得。做學問的人，如果不以誠實為主，只靠一時僥倖，天長地久，騙人的人那能永久呢？所謂「知之為知之，不知為不知」，知道多少說多少話，這才是真學問。

四、一個「問」字：學問之道，所謂「學問、學問」，學而要問，學而好問，不學就不肯問，不學就不會問；唯有要學，所以先要會問，唯有好學的人，才知道問題所在。例如，你通達文學，對文學中的許多問題，你不問就不易了解。所以，佛教教人要問法，道家叫人要問道，儒家叫人要問學，甚至於政治家，為政先要問政；唯有學而肯問，才能自謙，才有自知。

五、一個「思」字：學問之道，如《四書》說：「學而不思則罔，思而不學則殆」，所以在佛教裡，叫人求智慧，要從「聞」裡成就智慧，從「思」裡成就智慧，從「修」裡成就智慧；從聞思修才能入三摩地。因為學而才會思，思而才會學，學與思、思與學，二而為一，一而為二，所以真正有學問的人，才能成為思想家。

六、一個「明」字：學問之道，有時候我們稱讚一個人「你是個明白人」、「你是個明理的人」，就是說他是個有學問的人。過去對勤政愛民的皇帝，我們就稱他為「明君」。一個能幹的人，為全民服務，而且公平有正義感，我們就稱讚他「英明」；一些不學好的人，當他改過自新了，就說是「棄暗投明」。可見學問之道，在於一個「明」字。做人必須要英明，要光明，要明白事理、人情、是非、好壞，才算是有學問的人。

其實，若論學問之道，豈只六要，其他如：學要交友、學要問道、學要實踐、學要實驗、學要研究、學要印證、學要應用，所以為學之要，多矣！

學歷與學力

各位讀者，大家吉祥！

現代社會重視學歷文憑，沒有高學歷找不到好職業，沒有好學歷在人前無法揚眉吐氣，所以一般青年學子無不忍受種種辛苦，努力往大學之門邁進，甚至飄洋過海，希望取得高學歷。

由於社會普遍重視學歷甚於學力，所以有的人即使沒有實力，也要勉強混出一張文憑，甚至還有造假的學歷。如此沒有真才實學，只憑著一張混出來，甚至是假造的學歷，難怪社會上招搖撞騙的人，比比皆是。

過去中國的社會，土地廣大，教育也不普及，所以窮鄉僻壤的農家子弟，縱有才華，但是沒有環境，失去接受教育的機會，因而耽誤了自己的一生，這不只是個人的不幸，也是國家社會的損失。

所幸現在已有不少有識之士慢慢發現，學歷之外學力也很重要，一些有學歷的人沒有學力，也有一些有學力的人沒有學歷。有學歷更有學力，當然最好，不過一些沒有學歷的人士，靠著自己的專才，還是能出人頭地。只是真才實學之外，運氣也很重要，因為有的人確實學有專精，只可惜沒有學歷，也沒有好的因緣，所以與當今社會不能相應。學歷、學歷，埋沒了多少人才，殊為可惜。

茲將學歷與學力，分析如下：

一、高學歷不如高學力：隨著時代發展，過去大學畢業已經算是高學歷了，但現在大學生之

多，已不足羨，因此不少人希望繼續攻讀碩、博士。但是我們看，有些高學歷的碩、博士，道德學問、做人處事不一定比高中、大學畢業的人強。所以其實一個人應該中學畢業，就不必讀大學，應該大學的程度，就不必再讀碩、博士，否則有碩、博士學位，沒有真正的學力，更加貶損他的成就，因為別人用高學歷要求他，而他沒有真才實學，只有更為人所不恥。

二、好學歷不如好學力：有的人循序漸進，經過正規教育的每個過程，從小學、中學到大學，甚至取得博士學位，每個階段都是名校畢業。然而名校並不代表真正的學問，學問也不代表實力，有的人缺少實務經驗，只會紙上談兵，如此好學歷倒不如真正有好的學力。

三、有學歷不如有學力：學歷，諸如工業、農業、文學、哲學等，有的人樣樣學歷具全，但一到要用的時候，一樣學問也派不上用場。所以不管攻讀那方面的學問，重要的是「學以致用」，否則有學歷不如有學力。

四、**真學歷不如真學力**：有真學歷的人，真才實學，在各種學問的領域裡，他的學力貨真價實，不愧為名校的博士、名校的教授。但是事實上，現今社會上，有些真學歷的人，還不如有真學力的人，所以政府當局有鑑於此，也制訂出普考、高考，或是同等學歷報考的制度，提供那些沒有真學歷而有真學力的人發展的空間，否則這樣的人沒有機會成為國家的棟梁之材，實在可惜。

在現實社會裡，學歷是測量人才的標準，然而學力又有什麼樣的方法來測量其深淺呢？

獨立

各位讀者，大家吉祥！

現在的年輕人為了享受自由，都想「獨立」生活。假如一個人才剛出生，就把他抱到荒郊野外，他能獨立嗎？人靠父母、親人養育成人，一旦長大以後，就自私的不顧別人，一心想要自己獨立，扶養你的父母該怎麼辦呢？

一棵樹，即使長得再茂盛，孤零零的長在野外，看不出獨立的好處。人類應該是相互扶助的，大家都獨自孤立，誰來煮飯給我們吃？我的生活所需又有誰來供應呢？我們不是仰賴社會大眾，士農工商供應我們生活所需，才能生存的嗎？人生何能獨立呢？

有的人要找因緣幫助，找不到；但也有一些人要求遺世獨立！究其原因，他怕別人控制他、影響他，所以要求獨立。實際上，獨立以後，除了隨興、自由以外，我們見不出有其他的好處。當然，人生也有獨立的必要，不可以做寄生蟲，不可以仰人鼻息生活。獨立表示有志氣，但有些事能獨立，有些事不能獨立。例如，倫理關係怎麼能獨立？共有的家族怎麼能獨立？社會的群體共生怎麼能獨立？相對的，有一些事確實是需要獨立，但是對獨立的意義，應該有正確的認識，例如：

一、生活要獨立：有的人一旦有能力工作賺錢，他就希望生活能獨立，希望自

己賺錢自己花用，不要負擔別人的生活，不要仰賴家裡親人的精神慰藉，以為這就是獨立生活。其實，獨立生活的意義，不只是自己不仰賴別人生活，自己還要能幫助父母、親人、社會。獨立不是遁世，不是離群，不是孤獨一個人生活，而是要能「自立立人」，這是對獨立生活應該有的認知。

二、行為要獨立：一般青年男女，都希望自己的行為不受父母干涉，不受別人影響，希望能夠自我獨立。其實，個人偶爾有個小病痛，平時出個什麼小麻煩，怎麼可能都不需要別人幫助呢？能夠有個家庭，妻兒老小、親人眷屬，大家相互照顧，彼此有個照應，不是比個人獨立要好得多嗎？所以獨立不是獨來獨往，更不是獨斷獨行。

三、**經濟要獨立**：有些家庭，兒女長大，就鬧著要分家，為什麼？他希望經濟能獨立。其實，分家所分得的財富，也不是自己所賺取，而是父母祖先所共有，現在你想分家獨立，這不是很不道德嗎？基本上，人應該在社會上賺取金錢來養家活口，以此表示你的經濟能獨立，這才是經濟獨立的意義。

四、**思想要獨立**：現在自由民主時代，任何人爭取思想自由，只要不違反公共道德，不逆人行事，基本上思想獨立，應該受到尊重。一般人常要別人同自己一樣的思想，「同志」固然很好；假如志不同，道不合，他另有其獨立的想法，這也無可厚非。讓同的和同的在一起，讓不同的各自不同，這在現在的自由社會，應該是被容許的。不過，思想自由，不是你自己一個人自私、怪僻、偏見、邪見，就謂之思想自由。在思想自由裡，你也一定要有親情、人情，要有國家、社會、大眾的利益，你可以思想自由，但思想裡不能沒有種族社會。

現在的時代，不僅個人要爭取獨立，也有人為國家爭取獨立，例如加拿大的魁北克、海峽兩岸的台灣等，都要爭取獨立。其實，如果面對的是一個腐化的政權，想要從中獨立出來，以求生存，可以諒解；如果國家強大，你要求獨立，這是削弱自己的力量。這個世間，小的要靠大的，弱的要靠強的，獨立了，不見得有什麼好處。現在的歐盟，就是因為知道過去幾世紀的戰爭，勞民傷財，因此現在一些政治人物有所覺醒，因而成立歐盟共同體。現在台灣的統獨思想，即使彼此各執一詞，也不必在思想上對立；就算雙方各持己見，也不致於非要鬥得你死我活。今日的社會，即使有獨立思想，大家還是要共生共存。

檢查

各位讀者，大家吉祥！

公路上，一部車子拋錨了，需要檢查引擎、機械，看看毛病出在那裡？田地裡，農作物發生了病蟲害，也要檢查一番，然後加以對治。現在社會非常流行各種檢查，例如身體檢查、財物檢查、環境檢查。尤其政府對各行各業、各個機關團體，都有例行檢查、定期檢查、突擊檢查等。總之，不合標準，就要接受檢查。

其實，人生也要經常自我檢查，諸如：

一、**檢查事業的損益**：現代社會，各種企業的經營，規模愈做愈大，從家族事業到集團、股東投資；這當中所有的運作，必須公正、公開。董事會要接受所有投資人的監督、檢查，公司所有的損益都要透明，讓股東明白、了然，大家才能放心託付。所以，一個事業的經營，確實不易，不但要經常召開股東會議，而且要接受各種檢查，包括生產、行銷、人事、財務等。事業經過檢查，事業就能健全；檢查對任何事業體而言，必定是有利無害。

二、**檢查自己的功過**：曾子說「吾日三省吾身」，就是反省自己的言行舉止、舉心動念；袁了凡有「功過格」，每日行事，是功是過，都有記錄。一個人每天的行事，必定需要檢查，尤其吾人之心，時而善念，可以直通天堂，時而惡念，即刻墮入地獄。我們的心，每天在天堂、地獄之間來回多次，所以要時時自我檢查。假如心是善念，要讓

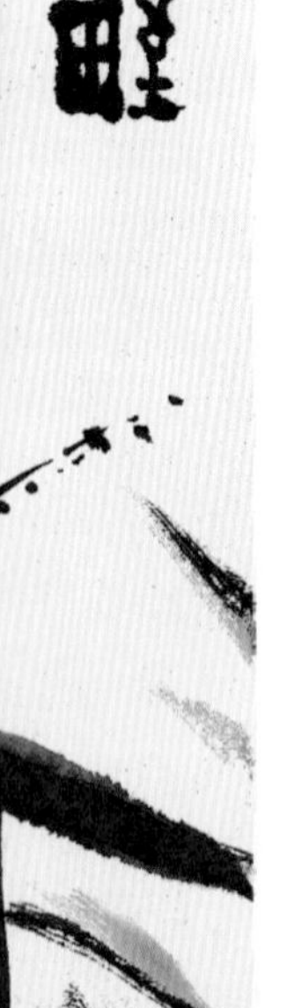

它不斷生起，如果是惡心，要立刻加以改正。一般人都是寬以待己，苛責於人，不經過嚴格的自我檢查，進德修業恐怕難矣哉。

三、檢查社會的因緣：我們立足於世間，仰賴親戚朋友給予我們的助緣，我們不經過檢查，必然容易忘失別人的好意。例如，每日可以問問自

己：我今日衣食從何而生？我今日利益從何而得？我今日名位因何而有？我今日平安幸福由何而來？檢查過社會厚待我們的因緣，我們就會生起感恩之心，就懂得要回報社會，如此「自利利他」、「自覺覺人」就不為難了。

四、檢查事情的是非：吾人的生性，凡事太計較利害，不論事情的是非，只要對己有利者，欣然為之，對己有損者，則必逃避。其實，事情只要是善事，對己縱有犧牲，也應樂於助成；如果對人無益者，於己有利，也應該立即止步。所以，檢查過自己的心態，講究是非，不論利害，則自己的品德必定有所增進。

五、檢查往事的成敗：每一個人都有過去，所謂「前事不忘，後事之師」。對於往事，必然有一些功過得失，不能只看現有的成就，忘記過去努力奮鬥的過程。假如經過一些檢討，善美的往事永記在心，並且加以發展、擴大；對於不能搬上檯面的思想、言行，要徹底修正。例如，對親族的照顧不周，對朋友不夠忠誠友愛，對社會不夠奉獻出力。假如現在已經略有成就，就應該彌補前嫌，要有贖罪的觀念。對於往事能有此觀念，未來才會有更好的發展。

六、**檢查未來的計畫**：往事固然要檢查，對前途的發展也不能疏忽。當今進步的國家，都有第一個五年計畫，第二個五年計畫，甚至第三個、第四個五年計畫。乃至個人，對未來也應該有一個計畫表，也要有三年計畫、五年計畫、十年計畫，同時要檢查自己的計畫合乎時宜嗎？合乎社會的需要嗎？合乎大眾的利益嗎？甚至你的計畫都有因緣可以助成嗎？如果檢查之後，發現有些缺失，就要不斷的改進、修正，不斷的接受社會的考驗，接受別人的檢查；只要能經得起考驗和檢查，則未來必然成功有望。

積聚

各位讀者，大家吉祥！

世間上的「擁有」，都是靠「積聚」而來，所謂「積善之家才有餘慶，積穀之人才有溫飽」。積聚零碎的時間，可以整合活用；積聚眾多的人力，可以發展大事。人生要會積聚，但是積聚不是強取豪奪，不是貪贓枉法；積聚需要福德因緣，要能順乎天地人和。人生需要積聚一些什麼呢？要如何積聚才是如法呢？

一、積聚感情成為慈悲：人是有情的眾生，感情是人生最根本的擁有，但是感情好像野馬，不能任它犯人莊稼，必須要用繮轡加以限制。感情絕不能任它「人欲橫流」，要讓它如涓涓細流，點滴匯聚成一塘清水。朱熹先生說：「問渠那得清如許？謂有源頭活水來！」我們心中的感情活水，要把它積聚成為慈悲。感情是私愛，慈悲是大愛，吾人能把感情昇華為慈悲，則如觀世音菩薩，因為大慈大悲，所以能走向人群，走入人間。所謂「千處祈求千處應，苦海常作度人舟」，就是因為慈悲之故。

二、積聚金錢成就善事：人從童年開始，就懂得積聚金錢，也會使用金錢。但是金錢要積聚才有得用，不懂積聚，那有金錢可用？不過積聚的財富，要「君子取財，取之有道」，例如以力量賺取的，以講說獲得的，以因緣成就的，以智慧招致的，都要用正當的方法取得。積聚的錢財，也要能用之有方，錢財要讓它成為善財，成為淨財，所以積聚的錢財要用於善事。現在一些工商企業，對於所賺得的錢財，都懂得用以回饋地方，兒女子孫賺得的錢財，也要用來孝敬父

母，佛教積聚信徒的錢財，更是用之於救濟十方。甚至現在新加坡政府，也將多年結餘的財富，分紅給全新加坡的人民。能夠倡導把財富供養十方大眾，才是積聚金錢的意義，這是莫大的善舉。

三、積聚經驗貢獻社會：一個人出生之後，嬰兒時期為了學習走路，不斷跌倒，不斷重新爬起，因為積聚許多跌倒的經驗，才能學會走路。同樣的，我們在社會上也經常上當學乖，不斷的積聚經驗，有了經驗就可以貢獻社會。善於教學者，可以傳授知識；善於工藝者，可以傳授技能。自古以來，人類所以能一天天的進步，就是因為前人對後人的經驗傳授，即使現在有了任何新發明，也是經過多人智慧、經驗的積聚。現在的手機，不是也有第一代、第二代、第三代嗎？這種代代傳承，就是經驗的累積。

四、積聚知識寧靜致遠：學問、知識也是積聚而來的，除非頓悟；即使頓悟，也是要靠平時點點滴滴的積聚累積而來。人生的知識增加了，心中的世界擴大了，發展事業的動能也增強了，尤其讀書人寧靜致遠，所謂書香人生，才能芬芳世界。

膽識

各位讀者，大家吉祥！

人在世間應世，需要有很多的本領，「膽識」就是必備的重要條件之一。

所謂膽識，世間上大膽的人很多，那些勇於冒險犯難，甚至心存僥倖為非作歹的人，雖然膽大，但見識不夠。這就好比一個人，儘管你不怕槍炮子彈，但到了前線，槍炮子彈可能打死你；你不畏懼豺狼虎豹，到了山裡，豺狼虎豹會吃了你。

所以，有膽量的人，還要有見識，知道何處是萬丈深坑，不要跳下去；懂得遼闊的大海游不過去，不要貿然強渡。又如賭博不一定能贏，不可以憑膽識去豪賭；搶劫難逃法網，不能夠想要僥倖致富。

胡適之先生說：「大膽假設，小心求證」，就是膽識；立大志、發大願，但要按部就班往前進行，就是膽識。有膽無識，縱能成功，非常危險；有膽有識，成功之後，必然安全。

怎麼樣才叫膽識呢？

一、處變不驚，是為膽識：北洋將領吳佩孚，在前線督軍，敵人的大炮飛來，炸死了身邊一個營長，頭上流下的鮮血，直噴到他

臉上，但他指揮若定，終能穩定軍心，獲得勝利。朱元璋在陳友諒手下當兵時，陳的二名兒子一直想要謀害他，朱元璋知道後，千方百計對其示好，並不想逃避。正因為朱元璋能夠處變不驚，所以後來能取陳友諒而代之。孫中山先生因為陳炯明叛變，在永豐軍艦蒙難，因其處變不驚，終能轉敗為勝。鄧小平先生在共產黨裡「三起三落」，也是因為他能處變不驚，後來終能領導全國。處變不驚就是膽識，有膽識所以能化險為夷。

二、**不畏艱難，是為膽識**：人生的道路，到處都是崎嶇障礙，必須不畏艱難，所謂「遇山開路，遇水搭橋」，尤其要有膽識衝破種種的難關，才能有所成就。歷代開國的帝王將相，雖然「一將功成萬骨枯」，但此中要靠多少的膽識才能成事。梁啟超不受袁世凱的威脅利誘所動，毅然發表〈異哉，所謂國體論者〉一文；蔡松坡躲過袁世凱

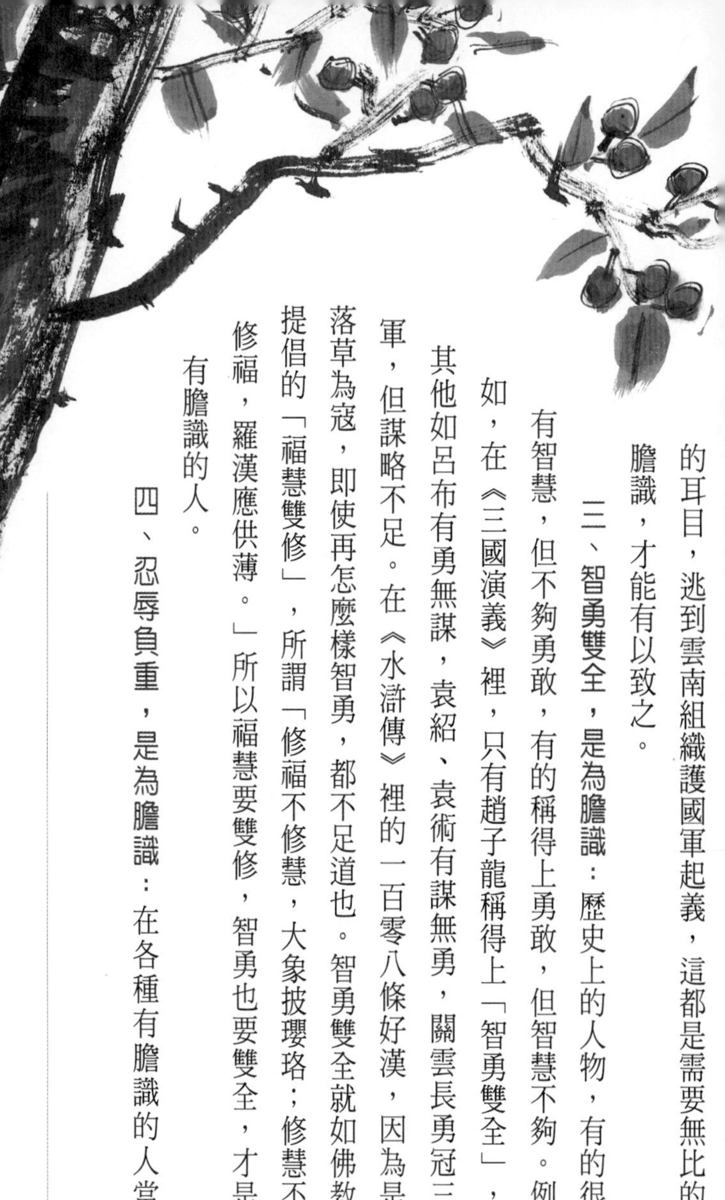

的耳目，逃到雲南組織護國軍起義，這都是需要無比的膽識，才能有以致之。

三、智勇雙全，是為膽識：歷史上的人物，有的很有智慧，但不夠勇敢，有的稱得上勇敢，但智慧不夠。例如，在《三國演義》裡，只有趙子龍稱得上「智勇雙全」，其他如呂布有勇無謀，袁紹、袁術有謀無勇，關雲長勇冠三軍，但謀略不足。在《水滸傳》裡的一百零八條好漢，因為是落草為寇，即使再怎麼樣智勇，都不足道也。智勇雙全就如佛教提倡的「福慧雙修」，所謂「修福不修慧，大象披瓔珞；修慧不修福，羅漢應供薄。」所以福慧要雙修，智勇也要雙全，才是有膽識的人。

四、忍辱負重，是為膽識：在各種有膽識的人當

中，莫如忍辱負重的人最有膽識了。周公輔佐成王，雖然受了冤枉委屈，但他忍辱負重，忠心為國，至死不改初衷。司馬遷無端遭受「宮刑」，雖然身心備受摧殘，但他仍忍辱含垢的完成偉大歷史巨著《史記》。能夠忍受侮辱傷害不以為苦的人，才算是有力量的大智之人；不能接受艱難挑戰，不名為有遠見謀略之人。古今中外，那一個成功的人物，不是因為膽識過人，不是經過忍辱負重而有成？所以，要想成為一個有膽識的人，忍辱負重的精神不能少。

難

各位讀者，大家吉祥！

俗語說：「登天難，求人更難。」也有人說：「成佛難，做人更難。」難，阻礙了一個人的成功。有的人想要一餐飯食裹腹難，有的人想要一榻之地睡眠難，有的人想要一件禦寒之衣難，有的人想要求得一個正當職業難。就算有心，但是「出師未捷身先死，長使英雄淚滿襟」，總覺壯志難伸；一次又一次的希望事情圓滿成功，但命運不濟，煮熟的鴨子又飛了，滿懷失望，感到人生很難。

世間之難者，如：學業難成，事業難找，功名難就，有志難伸，有才難求，有苦難言等等。其他再如：

一、**貧窮布施難**：有的人有慈悲布施之心，無奈自己貧無立錐之地，即使有心助人也難。其實，布施不一定要用金錢，口說好話，臉露笑容，給人歡喜，給人幫助，都是布施；心存恭敬，真心祝福別人，同樣也是布施。

二、**富貴學佛難**：富貴的人，有錢有閒，但是他的時間、金錢都是用來吃喝玩樂，沒有想到要學佛修行做好事。一個人現世的富貴，其實也是往昔修得的功德，如果把銀行裡的存款用光了，將來怎麼辦呢？所以現在不少有錢人，及時行施，雖然告訴他「慢慢來」，他說：將來萬一我沒有錢了，怎麼布施？所以學佛行善要趁早，等錢財去了，榮華富貴沒有了，要想行善修行也很困難。

三、**受辱不怒難**：一般人受到讚美就很歡喜，被人批評、侮辱就很生氣。假如能做到讚美不必太高興，侮辱、毀謗也不覺太難堪，好

壞都是別人嘴上的兩塊皮，我們的歡喜、生氣都任由別人挑動，實在划不來。因此，即使受了傷害、侮辱，最好不要生氣，要有力量忍耐，先忍之於口，後忍之於面，再忍之於心，最後一切煙消雲散，自己什麼也不少，反而增加了忍的力量。忍的力量奇大無比，面對世間最大的力量，就是忍。

四、**得寵謙虛難**：做人的部下，因為能幹，功勞很多，甚受長官賞識，所以得寵；做一個女人，因為美貌，懂得進退，當然很受男士的愛慕。一般人受到別人的寵信、愛護，往往得意忘形，不懂得謙虛、低調。一個人一旦因為得意而忘記了自己應有的禮貌、風度，對人講話傲慢，態度驕橫，則容易樹敵，對自己的人生必然造成很多障礙，所以人在得意受寵時，難以謙虛，實為不智之舉。

五、**自滿進步難**：人的進步，要靠自己學習、努力，想到自己智慧不足，就要努力讀書；想到自己技術不好，就要努力學習。外語說得不流暢，就要苦下功夫多說、多講；如果對自己的所學自滿，自以為很好、很會、很夠用，就很難再有進步的空間了。反之，懂得「人外有人、天外有天」，知道比自己更高、更好的人很多，所以時時懷著慚愧心，覺得自己能力有所不足，學問有所不足，能夠自覺不足，就會力求進步。

六、**無明成功難**：人生有一個根本的煩惱，就是「無明」。無明者，就是不明白道理也。一個人不懂世間人事相處之道，不知朋友需

在這裡

在這裏

銀印

邊款刻抵家，

靈感來自廣告：青菜抵家啦！

小魚

要互敬，處理事情沒有理路、邏輯，對歷史、時空、各種因緣的關係，都不去了解，甚至不講這些道理，一切都用「無明」對待，則事業難成，所以唯有去除無明，才能成事，這是必然的道理。

人生千難萬難，但是只要有佛法，所謂「有佛法就有辦法」，則人生何難之有呢！

臉色

各位讀者，大家吉祥！

每個人都有喜怒哀樂等情緒，有的人容易把喜怒形之於色，所以從他的臉色，就可以看出他的內心。當然，也有的人很有修養，即使生氣，也能先忍之於口，既而忍之於面，然後忍之於心，如此喜怒不形於色，自然就不會讓人一眼看穿他的內心了。

關於臉色，試說如下：

一、女人靠脂粉，美化臉色：世間上，公園要靠花草美化，房屋要靠油漆美化，女人靠脂粉美化，這是當然的事。世間所有女性，幾乎沒有人不用脂粉妝扮的，就連美如天仙的楊貴妃，也要「淡掃娥

眉朝至尊」，她也要經過化妝後才肯面見皇帝。女性一生，用在妝扮臉色的花費，不知多少？所以有時男人給女人一些錢，都稱作「脂粉錢」。所謂「人要衣裝，佛要金裝」，女性不但要靠脂粉來美化臉色，甚至有專用的化妝師，化妝對女人而言，是非常重要的一件事。

二、惡人靠語言，助長臉色：一個凶殘成性的人，臉色必然不是很好看；縱使凶相不露臉，但是性格也難以永遠隱藏。所以看人固然是看心，但看心不容易，一般都是「看相」。一個閱歷豐富、有社會經驗的人，所謂「閱人」，就是看相。各種考試當中 最後都有一個「面試」，為的就是要從面相上看人的品性、人格。有的人「惡人惡相」還不夠，甚至還會用語言加強他的凶殘性格，例如講話尖酸刻薄，或是大聲怒吼，或是惡言咒罵，甚至冷哼一聲，都是助長他的惡人惡相。

三、學者靠氣質，淨化臉色：世間上，有一些受過高等教育的知識分子，所謂學者、專家，由於他們自幼接受教育，一直在聖賢書裡揣摩做人做事的巧妙，因此在受教育的同時，就不斷的熏陶、變化氣質，從臉色上就能看出他是一個知書達禮的學者，或是有道德學問的人。但是也有的人，一直到了成年以後，社會經驗增加，才知道要修養自己，改變氣質。所以青壯年時期，如果注重修養，以聖賢為榜樣，懷抱寬大的胸懷，本著服務的精神，也會慢慢淨化氣質，圓滿人生。

四、道者靠修行，莊嚴臉色：社會上許多講究道德的賢者，他們讀聖賢書，除了濟世利人以外，更以健全自我的人格為目標，所以他們修養身心、陶冶性情，用以莊嚴臉色。也因此，一個有道德、人格的行者，我們一看，就感覺得到他的清高、誠實、慈悲、厚道，因為他所有的修練，都已經用以莊嚴了自己的臉色，從他莊嚴的臉色，其修行深度，也已經顯露無遺。

綜上所述，臉色表現一個人的修養，所以修心固然重要，臉色的慈悲善良，也是重要。

題目

各位讀者，大家吉祥！

人生，凡事都要「就題發揮」，有題目才能作文章。從小，學習寫文章要有題目，長大後參加各種會議，也要掌握題旨，切題發言。社會上一些名人應邀講演，主辦單位都會先問：講什麼題目？人際之間的訪問，彼此也要講究：談什麼題目？

有好題目，才能作好文章；沒有好題目，作不出好文章。不過，有時候有好題目，也寫不出好文章，像海峽兩岸，多少個好題目，卻寫不出好文章來。有人乾脆就「無題發揮」，像古代的國家、近代的軍閥，說打就打，不必有什麼題目。所以，有題目「借題發揮」還算

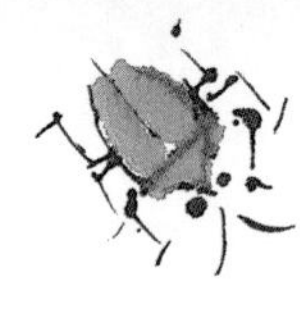

是正人君子，沒有題目隨便亂來，也大有人在。茲就「題目」略論如下：

一、借題發揮：一個國家的議事堂裡，代議士們滔滔不絕發表高論，不都是借題發揮嗎？輿論界的諸公們所作的社論、專論、評論，不是常要借題才能發揮嗎？我們希望國家社會，都有正當的題目，如此就算借題發揮，也還算正常。

二、小題大作：社會上，有些人做人處事都講究低調，就是辦大事，也懂得低調，以免招人嫉妒。但是也有一些人「小題大作」，辦了一個小型活動，就大肆宣傳，做了一點隨喜善事，就極力張揚，唯恐天下人不知。也有的人為了一點小事就「小題大作」，不惜對簿公堂，反而置很多攸關國計民生的大事於不顧，實在可惜。

三、無題亂扯：現在很多社團，經常邀請政治人物當貴賓，出席活動致詞，例如開幕、落成、紀念會，甚至公祭等。這些應酬式的場合，其實也沒有什麼話好說，但是貴賓們一個個上了台，還是滔滔不絕，侃侃而言，真是無題亂扯，浪費時間。記得一九七六年第二十一屆奧運會在蒙特利爾舉行，英國女王伊麗莎白二世主持開幕典禮，當她步履輕盈的走上台，輕輕舉起右手，只說了一句話：「我宣布運動會現在開始」，即刻鳴槍。如此一個世界性的典禮，只花三秒鐘就完成，留給我的記憶，至今難忘。

四、**離題漫談**：現在的教育失敗，原因是有些教師沒有真正用心在教學上，課堂上都是離題漫談，經常在上課時談「我的家庭」、「我的老婆」、「今天路上塞車」、「昨天報紙上報導了什麼」……，主要的課程內容不講，真是浪費學生的時間，也浪費國家的教育經費。甚至損失金錢事小，誤人子弟事大。

五、就題論述：學生在校讀書寫作文，老師都指導他們要「就題論述」。畢業後在社會上工作，開會或業務報告，主管也欣賞能就題論述的員工。但是也有一些人，不管說話、做事，往往不能掌握主題，原因是他沒有事前做功課，準備功夫不夠，掌握不到主題，無法就題論述，當然只有敷衍了事。

其實，人的一生就是一個題目，如何就人生這個主題好好論述，多方發揮，這是值得用心的課題，千萬不能讓自己的人生交白卷。

關係

各位讀者，大家吉祥！

這個世界，一切都要靠「關係」才能存在。科學與大自然的關係，哲學與人生的關係，經濟與社會的關係，戰爭與人命的關係，環保與未來的關係，政治與人心的關係……總之，世界上什麼都有關係，大有大的關係，小有小的關係，佛法講「因緣」，一切都是因緣所生法，宇宙萬有，彼此都是互為關係的存在，怎麼能說沒有關係呢？

一個人在電視上，隨意的一句話，立刻可以傳遍全世界；同樣的，輕輕的呵一口氣、打一個噴嚏，世界能不為之震動嗎？前不久鬧得人心惶惶的禽流感，不就是因為一隻小鳥感冒而造成的嗎？當然，世間萬法都是相互依存，一切都是「關係」的存在，樹木花草能不需要陽光雨露嗎？人的生活能不需要衣食住行嗎？所以世界上的一切，都要靠關係才能生存。

有人批評說，世間事情，只要你在人事上有關係，即使發生天大的事情也沒有關係；如果你在人情上沒有關係，芝麻綠豆大的事，都會有關係。

世間上，大至宇宙虛空，小至唇齒之間、腸胃之間、手足之間，通通都是同體的關係。「關係」於人生的重要，略述如下：

一、裙帶關係：從古到今，不論東方、西方，很多政治問題的解決，都要靠裙帶關係。這個國家的公主，下嫁那個國家的王子，要建立裙帶關係；那一個國家的太后，招贅另一個國家的親王，也是為了建立裙帶關係。歐洲的歷史，德國、奧地利、英國、法國，都在這種錯綜複雜的裙帶關係下，維護歐洲國家政治的平衡。中國歷朝有很多「外戚干政」，不都是裙帶關係所引起的政治風暴嗎？現代的企業家，不也是紛紛找尋姻親貴族相互支援？所以不管豪門貴族，乃至企業界，都很重視裙帶關係。

二、倫理關係：人類由於有家庭制度，進入了宗法社會，所以倫理就成為社會的新秩序。倫理維護社會的秩序，這是合理的；但是借助倫理關係，相互勾結，相互狼狽為奸、作奸犯科，因為橫豎有倫理的關係相互支援，於是衍生出嚴重的社會問題。

三、社會關係：人類社會從家族倫理，擴大開來，人際之間還有許多社會倫理，例如上司與部屬的倫理，此即所謂的「工作倫理」。古代的梨園弟子，乃至工藝學徒，他們尊師重道，重視師生倫理、師徒倫理，比起家庭親人之間的倫理，有時更加親密可敬。正常的倫理應該正當的發展，必能有益於社會發展；不正常的社會倫理，要給予檢討，重訂倫理的分際，再樹倫理道德。

四、相同關係：同鄉、同門、同學、同事、同姓、同行、同志，在相同之下，人們也結成許多有相同關係的同鄉會、宗親會、同門會，都是希望借以團結力量，壯大自己。這樣的關係，若能真正實現「世界大同」，讓大家一起共生共榮，也是很美好的世界。

關係就是因緣，有善因緣，有惡因緣，也就是有好的因緣，也有壞的因緣。因緣在於人的處理，有能力的人，可以把不好的關係修正成好的關係；但也有人把很好的關係弄僵了，變成壞的關係。好的關係會互相增長，壞的關係則互相腐蝕，所以聰明的人，在複雜的人我關係裡，都懂得要建立善因善緣善關係。

聽話

各位讀者，大家吉祥！

人從小就開始學習「說話」和「聽話」，但是一直活到老，說話不一定說得好聽，聽話也不一定聽得正確。我們不是經常跟人家道歉：「對不起，我聽錯了！」「我說錯話了，對不起！」因為基本上，我們沒有養成說好話、聽好話的習慣，在潛意識裡，好的少，錯的多，因此對的、好的，就不能勝過錯的。你且聽說：

一、**聽善事難，聽惡事易**：社會上，假如一個人講某某人好，某某人做了很多善舉，我們不容易相信；假如有人說某某人很壞，很醜陋，做了很多壞事，我們立刻就相信了。人如果能把性格改變一下，聽到善的容易相信，聽到惡的，懂得分析、辨別一下，則此人的品性一定能增進。

二、**聽真話難，聽假話易**：一般人，你跟他講的是真話，即使對他有利，他也不容易相信；你對他講的是假話，對他不利，例如說「有人說你壞話」、「有人批評你」、「有人怪你」，他會相信。人能接受真話，把假話用心思考，真假必然有所不同，則這個人的智慧自能高人一等。

三、**聽好話難，聽壞話易**：平時我們見到某人，真心的讚美他：「你學問不錯」、「你文章寫得很好」、「你很有美德」，他會回答你：「不要瞎捧場了，我那有這麼好！」如果你說：「你這個人不誠實、虛偽」，他馬上就生氣，認為你罵他、冤枉

他，所以聽好話難，聽壞話易。一個人如果好話、壞話都能分別，必定善於識人也。

四、**聽真實難，聽是非易**：朋友當中，有的人講話，專說是非，都是一些子虛烏有的事；有的人講話很實在，都是確有其事。但是，真實的話一般人不容易聽得進去，總是持懷疑的態度：「是這樣嗎？」是非的話，他一聽很容易就深信不疑。可見聽話要有大智慧、大慈悲；一個人能把真假好壞的話分得清楚，應該就是人上人了。

五、**聽規勸難，聽諂媚易**：朋友相處在一起，有的人有了不好的行為惡習，我們要規勸他，希望他改進，並不容易。例如，抽菸的人，要他戒菸；酗酒的人，要他戒酒；賭博的人，要他戒賭，他不但很難接受，弄不好還要仇視你，跟你絕交。假如你不要勸誡他，反而諂媚的讚美他，例如：你的酒量很好，你的香菸都是名牌，你的賭品非常可敬。他聽了你如此諂媚的好話，不但非常高興，甚至將你引為知己朋友。只是這樣的人，其人格、功過，也就可想而知了。

六、**聽事實難，聽謠言易**：台灣有一種現象，每逢選舉時，謠言滿天飛，報紙、電視也跟著這許多謠言起舞，所以每次選舉時，大眾見多了，也習以為常。造謠生事，混淆了社會大眾的視聽，刺激著大眾的感官神經，真實的一面大家反而覺得平淡無奇，不夠刺激。所謂「謠言止於智者」，只是我們社會上的智者在那裡呢？

說話是一種藝術，聽話也是一種藝術。有的人把別人讚美他的話，誤會成是在消遣他、諷刺他，把好話聽成壞話；有的人明明是在指責他，怨怪他，他反而當成好話，心生歡喜。所以好話、壞話，都在於自己的心中一念。語言是人與人溝通的工具，真正會得說、會得聽，甚至會得三思的人，才能得到語言的三昧。

觀自在

各位讀者，大家吉祥！

「觀自在」是觀世音菩薩的另一個名號，但事實上，觀自在也不一定是觀世音菩薩，而是我們每個人，我們自己就是觀自在。你觀察自己自在嗎？你能自在，就能像觀世音菩薩；你觀照不自在，雖說每個人都能做觀世音，但總是不自在。

如何才能做個名副其實的「觀自在」呢？

一、**觀事自在**：好事、壞事，都能自在；大事、小事，都能自在；難事、易事，都能自在。所謂家事、國事、天下事，尤其人事，無理的、冤屈的、難堪的，當遭遇到這些事情的時候，你都能自在嗎？假如你對任何事情都能舉重若輕，迎刃而解，不逃避現實，凡事都能勇敢面對，處理時更能得心應手，那你就會自在了。

二、**觀人自在**：好人、壞人，君子、小人，能人、愚人，善人、惡人，和一切人相遇，甚至相處的時候，你能自在嗎？所謂自在，也不是要你天天跟壞人打交道，和惡人混在一起；重要的是你能認識善惡，知道好壞。所謂「人心不同，各如其面」，人性不同，千奇百怪，你在芸芸眾生中，都能與人為善，不受傷害，不就可以自在了嗎？

三、**觀處自在**：吾人住的地方有大小，華屋、斗室，大廈、陋巷。另外，有的地方是正人君子聚會之所，有一些是雞鳴狗盜之輩雜處之地。你處身其中，都能自在嗎？「孟母三遷」，因為他怕兒子生活在文化不具備的地方，他覺得不自在。平時我們看別人住觀光飯店、湖濱小舍，你羨慕人家可以悠遊自在，但是當你住上一、二個月，你還能自在嗎？佛殿、神廟、教堂，你身處其中都能自在嗎？飯館、麵攤、快餐店，你都能以同樣的心情用餐嗎？假如你都能隨遇而安，不計何處，都能不露厭惡之情，雖然你可以有另外的選擇，但是一時的處境，你都能忍耐不計較，你就能自在了。

四、**觀聲自在**：這是個有音聲的世界，大自然裡充滿蟲鳴鳥叫，社會上到處人聲鼎沸。潑婦罵街，高人論道，你遇到這許多境界，聽到這許多聲音，都能自在嗎？隔壁鄰居是機械工廠，對面住戶不時傳來收音機的高分貝，甚至有人在身邊竊竊私語，你都能處之泰然嗎？如果能夠在喜怒哀樂、悲歡離合、談笑謾罵，乃至一些詆毀諷刺、奉承讚美的聲音中，都能不失去自在的心情，那你不就是觀自在了嗎？

五、**觀理自在**：世間上的道理，所謂天理、地理、人理、物理、事理、心理，每一個人都執著自我之理，所以「公說公有理，婆說婆有理」。甚至有一些人，明明無理，他要強辯其理。有錢有勢的人，他們都認為自己有理；不管有理無理，你都能心平氣和嗎？有理不在大聲，道理也不在他人口邊，道理在自己的心中。如果你處在紛亂吵雜的說理當中，一樣能安然自在，你就最有理了。

六、觀心自在：我們每一個人都有一顆心，心最喜歡管閒事了。你榮華富貴，我心生羨慕，但又不能擁有，就感到不很自在；你聰明伶俐，總是受人讚美，而我不能，所以心生嫉妒，也非常不自在。我們的心每天跟隨世間不斷的翻滾，起心動念；我們在得失、有無、是非、貧富之中，時而懊喪，時而快意，都非常的不自在。不能中獎，固然內心不自在；就是中了頭獎，你能自在嗎？所以，光是一個「觀自在」，就夠我們一生學習的了。

觀察力

各位讀者，大家吉祥！

能幹的人，都具備了比一般人更多的能力，諸如學識力、慈悲力、忍耐力、精進力、親和力等，尤其觀察力更為重要。觀人、觀事、觀時、觀地，都要懂得觀察。如果你是代表團體，當然要把所遇到的情況，據實向上報告；假如你是個人社交，和人相處，彼此初見，更需要有觀察力，要知道輕重。例如，對於所要會見的對象，要懂得知情識趣，知道衡量交情深淺，準備一些適當的措辭，談所應談；假如你沒有觀察力，對方的背景事前一無所知，那麼後果就不堪設想了，所以觀察力對人的重要，由此可知。

人要怎樣才算是有觀察力呢？

一、不只觀察外表，還要觀察內容：華屋美廈，只是外表，裡面的傢俱陳設，物品擺設，才是內容。主人出現了，或親切招待，或冷淡招呼，切不可只看外表；要知道對方的人品、個性，不能膚淺的只憑一個動作就來判斷對方，這是非常不當的。有的人，外表嚴峻，但性格溫和；有的人外表祥和，內心奸詐。所以，具有觀察力的人，對他人的內外，一切都要觀察了然。

二、不但觀察現在，還要觀察過去：看一個人，不能光看一時的榮華富貴，還要看他過去的家世背景、歷史往事。不過，我們和人初見，也不能像調查戶口一樣，不當的問題不應開口；我們可以透過察顏觀色，從這個人的一舉一動，看出他的修養。我們觀察一個人，不能因為對方的熱誠，就輕易為其所動；也不要因為對方表現冷淡，就認定他不好。觀察能力再高的人，也需要一些資料，一些時間，一些問題，一些溝通，所謂「只要你開口，就知道有沒有」。開口說話以後，從談話中觀察、思惟，才能「言外取意，言中深思」。

三、不能觀察一事，還要觀察全面：所謂觀察力，不是一言不合就加以否定，也不是一件事不如己意就作為好壞的判定標準，這樣的觀察不免過於武斷。世上前倨後恭的人，多得是；前冷後熱的人，也不少。人之相處，貴相知心；人之來往，貴相了解。有的人前面萬般讚歎，後面諸多毀謗，所以事情不是只有二分法，不是要就是不要，不是好就是不好，這都不對，應該在好和不好之中，還有第三種的認知，才不會以偏概全。

四、不僅觀察已然，還要觀察未然：人和人之間會有一些共同點，但也有很多的相異之處。性格、嗜好、興趣、經驗、閱歷、對問題的看法等，都有多種同與不同。事情已經發生，當然彼此已經了解；還有很多未經說明，未經解釋的部分，我們也要能心領神會，洞察可能的未知數。

總之，觀察力不是一學就會的，而是需要知識、經驗、細心。人在世間，不能不接觸別人，也不能不和別人打交道；和人接觸往來，對時空的觀察，對人物的觀察，對事情的觀察，都不能少。

用容顏表達歡喜，用雙肩擔當責任，
用微笑美化人生，用胸懷包容一切。

愛語如春風，好言如冬陽，
真心如光明，慚愧如瓔珞。

我看花，花自繽紛，我見樹，樹自婆娑；
我覽境，境自去來，我觀心，心自如如。

國家圖書館出版品預行編目資料

無形的可貴／星雲大師著. --初版. --臺北市：
香海文化, 2009.03　面；　公分. --（人間萬事. 2,價值觀）
ISBN　978-986-6458-01-9（精裝）
1.佛教說法
225　98000482

人間佛教叢書
人間萬事❷價值觀

無形的可貴

作　　者／星雲大師
發 行 人／慈容法師（吳素真）
主　　編／蔡孟樺
繪　　者／小魚
資料提供／佛光山法堂書記室
責任編輯／高雲換
美術編輯／方本傑
書盒設計／蔣梅馨
封面設計／陳柏蓉（特約）
校　　對／陳蕙蘭・吳秀鑾・張澄子

出版・發行／香海文化事業有限公司
地址／24150台北縣三重市三和路三段117號6樓
　　　11087台北市信義區松隆路327號9樓
電話／(02)2971-6868
傳真／(02)2971-6577
郵撥帳號／19110467 香海文化事業有限公司
http://www.gandha.com.tw
e-mail:gandha@ms34.hinet.net

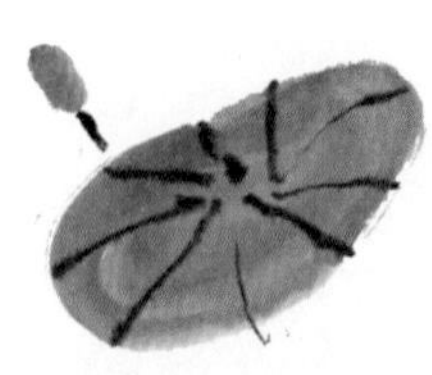

總經銷／時報文化出版企業股份有限公司
地址／235 台北縣中和市連城路134巷16號
電話／(02)2306-6842
法律顧問／舒建中、毛英富
登記證／局版北市業字第1107號
ISBN／978-986-6458-00-2
十二冊套書／原價3600元　典藏價2500元
　　單本／定價 300元　典藏價 199元
2009年3月初版一、二刷 2009年8月三刷 2009年12月四刷
2013年5月初版五刷